Lernkrimi Spanisch

Réquiem por un torero

Yolanda García Hernández
Mario Martín Gijón

Compact Verlag

In der Reihe Compact Lernkrimi Classic sind erschienen:
- Englisch, Französisch, Italienisch, Spanisch: B1, B2
- Englisch GB/US, Business English: B1, B2
- Deutsch: B1
- Sammelband Lernkrimi Englisch, Französisch, Spanisch: B1/B2

In der Reihe Compact Lernkrimi Kurzkrimis sind erschienen:
- Englisch, Französisch, Italienisch, Spanisch: A2, B1, Deutsch: A2

In der Reihe Compact Lernkrimi History sind erschienen:
- Englisch: B1, B2, Italienisch: B1

In der Reihe Compact Lernthriller sind erschienen:
- Englisch: B1, B2, Spanisch: B1

In der Reihe Compact Lernstory Mystery sind erschienen:
- Englisch: B1, B2

In der Reihe Compact Lernkrimi Hörbuch sind erschienen:
- Englisch: B1, B2, Business English: B2
- Französisch, Italienisch, Spanisch: B1

In der Reihe Compact Lernkrimi Audio-Learning sind erschienen:
- Englisch: A2, B1, Französisch, Spanisch, Italienisch: B1

In der Reihe Compact Lernkrimi Sprachkurs sind erschienen:
- Englisch, Spanisch: A1/A2

Lernziele: ■ Grundwortschatz, Grammatik (A2, B1)
■ Aufbauwortschatz, Konversation (B2)

In der Reihe Compact Schüler-Lernkrimi sind erschienen:
- Englisch, Französisch, Spanisch, Latein, Deutsch, Mathematik, Physik, Chemie
- Sammelband Schüler-Lernkrimi Englisch

Weitere Titel sind in Vorbereitung.

© 2010 Compact Verlag GmbH München
Alle Rechte vorbehalten. Nachdruck, auch auszugsweise,
nur mit ausdrücklicher Genehmigung des Verlages gestattet.
Redaktion: Paulina Palomino
Fachredaktion: Angela Cuevas Alcañiz
Produktion: Wolfram Friedrich
Titelillustration: Karl Knospe
Typographischer Entwurf: Maria Seidel
Umschlaggestaltung: Carsten Abelbeck

ISBN 978-3-8174-7736-4
7277366

Besuchen Sie uns im Internet: www.compactverlag.de, www.lernkrimi.de

Vorwort

Mit den neuen, spannenden Compact Kurzkrimis können Sie Ihre Spanischkenntnisse auf schnelle und einfache Weise vertiefen, auffrischen und überprüfen.
Die vier fesselnden Kurzkrimis sind ideal für geübte Anfänger und Wiedereinsteiger.
Jeder Krimi wird durch abwechslungsreiche und kurzweilige Übungen ergänzt, die das Lernen unterhaltsam und spannend machen.
Prüfen Sie Ihr Spanisch in Lückentexten, Zuordnungs- und Übersetzungsaufgaben, in Buchstabenspielen und Kreuzworträtseln!
Ob im Bus oder in der Bahn, im Wartezimmer, zu Hause oder in der Mittagspause – das Sprachtraining im handlichen Format bietet die ideale Trainingsmöglichkeit für zwischendurch.
Schreiben Sie die Lösungen einfach ins Buch!
Die richtigen Antworten sind in einem eigenen Lösungsteil am Ende des Buches zusammengefasst. Im Anhang befindet sich außerdem ein Glossar, in dem die schwierigsten Wörter übersetzt sind. Diese sind im Text kursiv markiert.

Und nun kann die Spannung beginnen ...

Viel Spaß und Erfolg!

Die Ereignisse und die handelnden Personen in diesem Buch sind frei erfunden. Etwaige Ähnlichkeiten mit tatsächlichen Ereignissen oder lebenden Personen wären rein zufällig und unbeabsichtigt.

Inhalt

Réquiem por un torero 5

El misterio de la estudiante de Salamanca 39

El caso de la marquesa 71

El crimen del Prado 106

Abschlusstest 136

Lösungen 142

Glossar 145

Réquiem por un torero
Der beste Torero Spaniens bekommt Konkurrenz: Der junge Fermín ist der neue Star der Stierkampfarena. Als die beiden zum Duell antreten, nimmt es für einen der Matadoren ein böses Ende.

El misterio de la estudiante de Salamanca
Die Studentin Sofía wird tot aufgefunden. War es ein Verbrechen? Kommissar Márquez und die junge Lucía entdecken Sofías Geheimnis und kommen so dem Mörder auf die Spur.

El caso de la marquesa
Marianne und Sybille machen Urlaub in Sevilla. Die frappierende Ähnlichkeit mit einer bekannten Adligen bringt Sybille in höchste Gefahr – kann Marianne sie retten?

El crimen del Prado
Ein ehemaliger Polizist wird unter einem Gemälde Goyas ermordet aufgefunden. Márquez und Lucía ermitteln hier in einem Fall, in dem die jüngste Geschichte Spaniens eine tragende Rolle spielt.

RÉQUIEM POR UN TORERO
Yolanda García Hernández

Capítulo 1: Dos toreros son demasiado

Paco de Utrera es el torero más famoso de España. El nombre "de Utrera" se lo puso en *honor* al pueblo donde nació. Paco es feliz con su profesión. Los toros son su vida, pero su familia también es muy importante para él. Vive en La Moraleja, un barrio *lujoso* de Madrid, donde las casas son muy caras. Sólo personas con mucho dinero viven allí.

Marta es la guapa esposa de Paco. Todas las semanas Marta sale en alguna *revista del corazón*. Muchas personas opinan que Marta es una buena mujer, esposa amante y madre cariñosa. El matrimonio tiene dos hijos: Quique, de diecinueve años, y Hugo, de quince. Son dos jóvenes educados y buenos estudiantes. El hijo mayor del matrimonio no tiene interés por seguir la *carrera* de su padre.

Übung 1: Lesen Sie weiter und unterstreichen Sie alle bestimmten und unbestimmten Artikel im folgenden Abschnitt!

La esperanza del torero está puesta en su hijo menor Hugo. Gracias al dinero que Paco gana como torero puede *cumplir los deseos* de su familia, y esto le hace sentirse bien. Paco da gracias a Dios por su suerte y espera poder torear mucho tiempo más.

Desde hace un año una nueva *estrella* brilla con luz propia en el mundo de los toros: se llama Fermín, conocido con el nombre de "el Niño".

El joven es *admirado* por su arte y *valor* frente al toro.

Fermín tiene diecinueve años, es alto, de piel morena, pelo moreno y unos ojos vivos de color azul. El joven es *tímido*, lo cual gusta a muchas mujeres, pero el corazón de Fermín está ocupado por su novia Blanca.

La joven vive también, junto a su familia, en La Moraleja, en una casa enorme diseñada por su padre, un arquitecto conocido.

Desde hace unos meses también Fermín y sus padres viven en La Moraleja. En su primer año como torero profesional, Fermín ha ganado bastante dinero: arriesgar la vida frente al toro se paga bien. Fermín compró un chalet cerca de la casa de su novia. El cambiar de casa fue una gran alegría para Tomasa, la madre de Fermín.

Juan, el padre de Fermín, es su maestro. Desde pequeño el joven tuvo interés por ser torero. Juan fue también maestro de Paco de Utrera, *acompañaba* a Paco de plaza en *plaza de toros*. Cuando Paco se hizo famoso se olvidó de Juan y contrató a otro maestro. Desde entonces Juan no quiere oir hablar de Paco de Utrera.

! ÜBUNG 2

Übung 2: Lesen Sie weiter und setzen Sie die Adjektive in die richtige Form!

La revista "Mundo famoso" publica un reportaje (1. exclusivo)

_____ del chalet en el que vive desde hace un

tiempo "el Niño". En el reportaje unas fotos (2. espectacular)

_____ muestran las (3. amplio) _____

habitaciones de la casa, en las que se ve la mano de un *decorador*

(4. profesional) _____ .

–¡Qué maravilla! –comenta Marta, la esposa de Paco de

Utrera–. Dos piscinas, una de ellas interior y (5. climatizado)

_____ para poder bañarse en invierno. Un gimnasio

y una sauna forman parte del *lujoso* chalet.

–Cuatro cuartos de baño, una sala de cine y una biblioteca completan la vivienda –*continúa* la lectura el torero.

–La esposa de Juan debe ir a una *clínica de adelgazamiento* –dice Marta con algo de *envidia*–. El tener dinero no significa tener estilo.

–No digas eso de Tomasa –comenta Paco–, aunque es de clase *humilde* es una buena persona.

–¿Tú qué sabes? –pregunta Marta con curiosidad.

–La conozco bien –responde Paco.

–Eso me lo tienes que contar –dice Marta con una sonrisa.

Esa misma tarde el torero recibe la visita inesperada de su *asesor financiero*, que no trae buenas noticias: durante el último año Paco ha ganado menos dinero, y la situación empieza a ser difícil.

–¡No puede ser! –se lamenta Paco–. Gano mucho dinero cada vez que voy a una *plaza de toros*.

–¡Tú lo has dicho! –habla el *asesor*–. Cada vez que toreas. Dime, ¿cuántos *contratos* tienes para esta *temporada*?

–No muchos –responde Paco algo *enfadado*–, desde que "el Niño" ha empezado a torerar tengo menos trabajo. No imaginaba una situación tan grave.

–No sé qué vas a hacer, amigo –comenta el *asesor*–, tienes que torear más esta *temporada* o...

–¿O qué? –pregunta Paco.

–O piensa en vender alguna de tus casas. Tienes dinero que pagar, tal vez vender la casa en Andalucía es una solución –finaliza el *asesor*.

Paco se pone pálido; sabe que cuesta mucho dinero mantener la casa de Utrera, y los colegios privados también son caros. Quique va a empezar sus estudios universitarios en pocos meses, irá a la universidad de Oxford. Los *caprichos* de su esposa Marta tampoco son baratos. Tiene que pensar en una solución. No quiere ver sufrir a su familia por motivos económicos. Acostumbrado a ser el número uno en el mundo del toreo, a Paco le *sorpende* la *fama* de "el Niño".

Übung 3: Wie lauten die weiblichen Formen der folgenden Wörter?

1. el actor _____

2. el rey _____

3. el padre _____

4. el torero _____

5. el jefe _____

6. el médico _____

7. el maestro _____

8. el estudiante _____

El torero recuerda la conversación que tuvo con su hijo respecto a su amigo nuevo:

–Papá, no lo entiendo –dice Quique–, Fermín es amigo mío y el novio de Blanca. ¿Cómo le *prohíbes* entrar en nuestra casa?

–Lo siento hijo, pero "el Niño" no entra en esta casa –responde serio el padre.

La *prohibición* de Paco unió aún más a los jóvenes: Blanca, Fermín y Quique salen juntos y van a fiestas los fines de semana. Quique no habla de ese tema con su amigo, sabe que *en el fondo* su padre admira a Fermín. La *temporada* pasada *sorprendió* a su padre mirando con interés en la televisión una *corrida* de toros en la que participaba el joven. Al verse *sorprendido* por su hijo, Paco se levantó de un salto del sofá en el que estaba sentado. El torero se *acercó* a la televisión mientras que decía:

–¡El maldito *mando a distancia* no funciona bien!

Quique puso cara de *comprensión*. No quería ver mal a su padre.

A Paco le gusta desayunar junto a su familia los sábados, ya que los chicos no tienen colegio. Esa mañana, cuando están todos *reunidos*, Paco quiere hablar. Tiene algo que decir. Marta y los chicos le miran con cara de sorpresa.

–Vamos a tener que ahorrar un poco –anuncia el torero.

–¿Qué quieres decir? –pregunta *preocupada* Marta.

–He hablado con nuestro *asesor* –explica Paco–. Dice que gastamos mucho.

–*Despide* a ese *asesor*, Paco –propone Marta–. ¿Quién es él para decir que gastamos mucho?

–Lo dice por nuestro bien, querida –responde Paco, *asustado* por la reacción de su esposa.

–¿No podré ir a Oxford, papá? –quiere saber Quique.

–Yo sólo he dicho que tenemos que gastar menos dinero. Vender la casa de Utrera puede ser una solución.

–¡No, papá, no! –interrumpe el joven Hugo–. ¿Dónde voy a entrenar para ser torero?

–Esta *temporada* tengo pocos *contratos* –comenta Paco *triste*.

–¡Pero si eres el mejor! –dice Marta.

–No soy. Era el mejor –aclara Paco–. El mejor es "el Niño".

–¡"El Niño"! ¡"el Niño"! –grita Marta–. Estoy cansada de oir ese nombre, es una *pesadilla*. Ese joven está en todos los lugares a los que voy. –Marta está muy *enfadada* y sigue– ayer mismo me lo encontré en casa.

–¿Cómo? –interrumpe Paco a su mujer.

Quique no se *atreve* a mirar a su padre.

–Perdón, papá, pero... –se disculpa el joven.

–¡Nada de peros! –grita Paco–. ¿Cómo te *atreves* a no *hacerme caso*?

En ese momento alguien *llama a la puerta* del comedor en el que se encuentra la familia.

–¡Adelante! –dice Marta.

Es la *criada*.

–Disculpen los señores. La señorita Blanca pregunta por el señorito Quique.

–Dile que venga a desayunar con nosotros –dice Paco.

–La señorita Blanca viene con su novio –anuncia la *criada*–. Dice que mejor espera fuera.

Quique pide permiso a sus padres para levantarse de la mesa. Marta dice que sí. El chico se *despide* y sale del comedor.

Después de un *rato*, también Hugo se disculpa y se levanta de la mesa. Marta y Paco siguen hablando:

–Querido, no te pongas así. No es bueno para la salud –dice Marta a su esposo.

–Quiero que mis hijos aprendan a respetar a sus padres. No me gustan las mentiras –explica el torero.

–Paco, son jóvenes –intenta *calmar* Marta a su marido.

Marta está pensativa.

–¿Qué te pasa ahora, mujer? –quiere saber el torero.

–Paco, ¿conoces el *anuncio* de Re-Tonic?

–¡Claro! –dice Paco, mientras recuerda un *anuncio* de *bebidas isotónicas* en el que participa Fermín. El *anuncio* está presente en todos los medios desde hace un par de semanas.

–El joven no sólo gana mucho dinero por torear –empieza a decir Marta–, según se comenta, gran parte de su dinero viene de la *publicidad*. El joven aprovecha las *ofertas publicitarias* que le hacen. Parece muy rentable. ¿Por qué no haces *anuncios* de *bebidas isotónicas* como Fermín?

Paco casi se *atraganta* con el café cuando su mujer termina la pregunta.

–¿Que haga qué? ¡No hablarás en serio! –dice Paco a su esposa.

–Claro que sí –*afirma* Marta–. Piénsalo. Si aceptas alguna oferta podemos ganar el dinero que ahora nos falta.

–¡*Bebidas isotónicas, bebidas isotónicas*! –exclama Paco–. ¿Cómo demonios fabricarán esas bebidas? No hay nada más sano que un buen vaso de vino tinto. Y no olvides, querida, que yo soy torero, no actor.

–Piénsalo, Paco –dice Marta–. Eres el mejor torero del mundo.

Marta guarda de nuevo silencio unos minutos antes de decir:

–Llama a Antonio por teléfono. Tenemos que hablar con él.

Antonio es el manager de Paco.

–Mujer, hoy es sábado –dice Paco–. Déjale descansar.

–¡No! –*ordena* Marta–. Invítale a comer. Seguro que encuentra una solución.

Paco hace lo que le dice su mujer y *marca* el número de teléfono de su manager.

–¡Hola Antonio! –saluda Paco–, perdona la *molestia*, sé que es sábado, pero... ¿tienes algún plan para hoy? ¿Por qué no vienes a comer a casa y hablamos?

Antonio sabe que cuando Paco quiere hablar, lo que quiere decir es: tengo un problema, necesito tu ayuda. Por eso Antonio dice:

–Muy bien, a las dos estoy ahí.

Antonio es como de la familia. Cuando Paco empezó a ser famoso fue él quien le aconsejó dejar a Juan. Paco pensó que Antonio era más experto y le ayudaría en su *carrera* y *despidió* a Juan. Le dio pena hacerlo, porque Juan siempre había sido amable con él.

ÜBUNG 4

Übung 4: Übersetzen Sie und enträtseln Sie das Lösungswort!

1. Fräulein _ _ _ _ _ _ □ _
2. jung _ □ _ _ _
3. essen _ _ _ _ □
4. Getränk _ □ _ _ _ _
5. Karriere _ _ _ _ _ □ _
6. Ehemann _ _ _ _ _ □

Lösungswort: _ _ _ _ _ _

A las dos en punto, el manager llega a casa de los Utrera.

Marta recibe a Antonio dándole dos besos.

–Marta, cada día estás más guapa –comenta Antonio.

–¡Ja, ja, ja! –ríe Marta–. Eres un *conquistador*.

–¿Cuándo *abandonas* a Paco y te vienes conmigo? –*continúa* el manager.

–Eres *tonto* –sonríe la esposa del torero–. Ahora mismo viene Paco. Paco ha *escuchado* el final de la conversación entre su manager y Marta. Entra en el salón y dice a modo de saludo:

–Antonio, deja a mi mujer y búscate una novia.

–Yo busco una mujer como Marta, guapa e inteligente –dice Antonio.

–Gracias por el *piropo* –sonríe Marta–. Vamos a tomar una copa, ¿queréis beber un jerez?

–Un buen vino antes de la comida siempre abre el apetito –*afirma* Antonio.

Marta mira al manager de su esposo, que tiene unos kilos de más. Algo que no le falta al manager es el apetito.

–¿No comen los chicos con nosotros? –quiere saber Antonio.

–Están con sus amigos –dice Paco con cara seria.

–¿Qué pasa? –pregunta Antonio al ver la cara de Paco–. ¿Algún problema con los chicos?

–Con ellos no –anuncia Paco–. Yo soy el que tiene las dificultades.

–¿Qué problema tiene un hombre que lo tiene todo? –quiere saber Antonio.

–¿Tú me lo preguntas? –dice Paco mientras levanta la voz–. ¡Tú eres el que tiene que buscarme las *plazas de toros* donde poder torear! ¡Para eso te pago! Fermín "el Niño" vive a pocos metros de mi hogar.

Antonio no entiende que quiere decir el torero. Paco *continúa*:

–Todo esto no me gusta. Fermín es mi mayor rival. Fermín es novio de Blanca. Blanca es la mejor amiga de mi hijo, y mi hijo se hace amigo de "el Niño". ¿Te *parece* poco?

–Es normal, viven en el mismo barrio... –intenta *tranquilizar* Antonio a Paco.

–¡No me gusta! –interrumpe el torero–. Lo peor de todo es que "el Niño" me quita el trabajo. El dinero con el que alimento a mi familia. El *culpable* de mis problemas es Fermín. ¡No quiero estar sin trabajar! Por eso te he llamado, Antonio –aclara el torero–, quiero una buena *temporada taurina* o vas a terminar como yo, sin trabajo.

–Paco –interviene Marta–, *tranquilízate*. Antonio hará todo lo posible.

Todos se quedan unos segundos callados. Luego Antonio mira firmemente al torero y dice:

–Tu mujer tiene razón, Paco. Juntos hemos pasado por muchas situaciones. En los malos momentos estuvimos unidos. Esta vez no será diferente. Dame tiempo para pensar y encontraré una solución.

La *criada* interrumpe la charla. La comida está lista. Paco, Marta y el manager se dirigen al comedor.

Capítulo 2: Una proposición

El lunes temprano suena el teléfono en casa de la familia Utrera. Paco responde a la llamada. Es Antonio, que quiere encontrarse lo antes posible con Paco.

–En una hora estoy en tu casa –anuncia Antonio.

Cuando el manager llega a la casa, Paco le espera.

Übung 5: Lesen Sie weiter und unterstreichen Sie im folgenden Abschnitt alle Verben in der ersten Person Singular!

–He pensado mucho durante todo el fin de semana. Tengo la solución para nuestros problemas económicos –anuncia satisfecho el manager.

Paco sonríe al ver el entusiasmo de Antonio. El torero se siente bien al pensar en el fin de sus *preocupaciones*.

–Tú conoces la expresión *coger el toro por los cuernos* –comenta Antonio–. Pues eso es lo que voy a hacer.

–No te entiendo –dice Paco.

–La causa de no tener muchos *contratos* es "el Niño", ¿no? ¿Qué te *parece* si te *enfrentas* a él?

–No voy a dar motivos a los *periodistas*. No quiero hablar mal de ningún torero.

–No me has comprendido, amigo. Es muy *sencillo* –dice el manager–, hablo de un *duelo* con Fermín en la *plaza de toros*, una *corrida* de toros con los dos toreros más famosos. *Demuestra* que todavía eres el mejor. Tu victoria te hará volver a tu posición. Los *contratos* volverán.

–Hum... –murmura Paco–. No es mala idea. ¿Crees que "el Niño" aceptará?

–No es problema. He hablado con él y está encantado con la idea, piensa que puede ganar y quiere torear junto a ti.

Marta entra en la habitación en la que están los dos hombres *reunidos*. Paco coge a Marta por la cintura y la levanta del suelo.

–¡Nuestros problemas económicos están *resueltos*! –dice alegre el torero.

–Está bien, pero bájame al suelo –Marta no sabe de qué habla su marido.

Paco le cuenta a su mujer los planes de Antonio. Marta se siente mejor.

Fermín habla con su padre, el día tres de junio va a torear en la *plaza de toros* de las Ventas junto a Paco de Utrera.

–¡Imagina papá! –dice alegre el chico–, sólo nosotros dos.

–¿Cómo has hecho eso sin consultarme? –grita Juan a su hijo.

Fermín mira algo *asustado* a su padre.

–Es mi gran *oportunidad* –afirma Fermín–. Puedo *demostrar* al *público* que soy el mejor torero de España.

Juan está *enfadado*. Su hijo es buen torero, con el tiempo será el número uno, pero por ahora no tiene suficiente *experiencia*.

–Ahora mismo vas y dices que no –*ordena* Juan.

–Lo siento, papá –dice Fermín–. No lo haré, yo decido en mi trabajo.

–Te *prohíbo* torear con Paco de Utrera –Juan está muy *enfadado*.

–Vuestra *enemistad* no es mi problema –dice Fermín–, ya es hora de que olvides el *pasado*.

–El chico tiene razón –se *mete* Tomasa, que ha entrado en la habitación al *escuchar* la discusión.

–¿Quién ha pedido tu opinión? –pregunta Juan.

–Tengamos paz –dice Tomasa, mirando a su marido fijamente.

–Sabías que este día tenía que llegar antes o después.

–Lo sé –dice Juan–, pero todavía no. No, si puedo hacer algo.

Juan sale rápidamente de la habitación. Se *escucha* cerrar de un *golpe* la puerta de la calle. Tomasa y Fermín se *asoman* a la ventana y ven a Juan andar calle arriba en dirección a la casa de los Utrera.

–¡Tu padre está loco! –llora Tomasa–. El *odio* de tu padre y Paco no va a acabar nunca. Antes debe *morir* alguien.

–No te *preocupes*, mamá –dice Fermín al abrazar con amor a su madre.

Übung 6: Beantworten Sie die Fragen zum Text!

1. ¿Quién llama el lunes por teléfono a Paco?

2. ¿Qué tiene que demostrar Paco en la corrida de toros?

3. ¿Qué quiere Fermín que olvide su padre?

4. ¿Por qué se enfada Juan con Fermín?

5. ¿Qué hacen Fermín y Tomasa cuando Juan sale de casa?

Juan llega a casa de los Utrera. *Llama a la puerta*, pero nadie abre. Juan espera unos minutos antes de comenzar a gritar:

–¡Paco! Sé que estás en casa. ¡Recuerda quién te ayudó cuando no eras conocido! Mi hijo es mejor que tú. *Escucha* lo que digo: ¡Prefiero ver a mi hijo *muerto* antes que toreando junto a ti!

La casa de la familia Utrera sigue en silencio. Juan mira por una de las ventanas, pero no se ve a nadie. De pronto la puerta principal de la casa se abre. A Juan le *sorprende* ver salir a Blanca. La joven saluda a Juan:

–¿Qué haces aquí? –quiere saber la joven, *sorprendida* de ver al padre de su novio.

–Eso mismo quiero saber yo –responde Juan.

–He venido a *entregar* unos libros a Quique –explica Blanca.

Los dos se *alejan* por la calle de vuelta a su casa. Algunas personas que pasan miran a Juan, éste se vuelve y grita:

–¿No tienen nada que hacer?

La *corrida* de toros en la que van a participar Paco y Fermín es la más importante de la *temporada taurina*, se celebra durante las fiestas de San Isidro. Las entradas se *agotan* pocas horas después de ponerse a la *venta*. La *corrida* de toros se verá por televisión a nivel internacional.

Los dos toreros se *preparan* durante mucho tiempo para el gran día, apenas les queda tiempo para sus familias.

Por fin llega el tres de junio. El sol brilla desde las primeras horas de la mañana. Marta quiere *sorprender* a los periódicos con la llegada de todos juntos a la *plaza de toros*: los dos toreros rivales y sus familias. A Marta le resulta muy difícil convencer a Juan, pero ella siempre *consigue* lo que quiere.

En el camino Marta sonríe al pensar en la cara de los fotógrafos al verlos llegar a todos juntos. Con esto, piensa ella, el tema de la *enemistad* entre los toreros se olvidará.

La *corrida* de toros se celebra en la plaza monumental de las Ventas de Madrid, la mayor *plaza de toros* de España, que se *inauguró* en los años treinta.

El *público*, desde primeras horas de la tarde, va camino de la calle Alcalá, donde se encuentra la *plaza de toros*. La gente se dirige a sus asientos en el *tendido de sol* o en el *tendido de sombra*; en este último el precio de las entradas es más caro. El termómetro señala treinta grados de temperatura a las cinco de la tarde y muchas mujeres tienen un *abanico* para protegerse del calor.

Paco de Utrera y Fermín "el Niño" visten los tradicionales *trajes de luces*: el de Paco es de color dorado y rojo, el de Fermín es dorado y azul. Se han puesto la *coletilla postiza* para *sostener* mejor la *montera*, el gorro de los toreros. Sus ropas se completan con unas *medias* rosas y zapatillas negras.

Las familias de los toreros se *acercan* para desearles suerte. Marta quiere hacer una foto de todos juntos a pesar del poco entusiasmo de Juan, pero al ver la cara *triste* de su hijo éste acepta.

–Coge esto un momento –le pide amablemente Marta a Juan y le *entrega* una bolsa.

Juan coge la bolsa mientras Marta hace unas fotos.

–Vamos a *brindar* por una tarde llena de triunfos –dice Marta–, por favor Juan, saca las botellitas de la bolsa. Juan *obedece* y Marta reparte las bebidas.

–¿Qué es esto? –pregunta Paco.

–*Bebidas isotónicas*. Dicen que dan vitalidad, ¿no? –sonríe Marta. Paco pone cara de no querer beber, pero al final acepta.

–¡Salud! –dice el grupo a la vez. Todos beben.

–¡Es la hora! –anuncia alguien.

Blanca besa a su novio. Marta hace lo mismo con su marido.

–Ten cuidado –dice Juan mientras abraza a su hijo.

–No te *preocupes*, papá –dice Fermín.

ÜBUNG 7

Übung 7: Hat die spanische Redewendung die gleiche Bedeutung wie die deutsche? Markieren Sie mit richtig ✔ oder falsch – !

1. ¡Es una pesadilla!   Das ist ein Alptraum!   ☐
2. Coger el toro por los   Den Stier bei den Hörnern
   cuernos.   packen.   ☐
3. Vivir al día.   In den Tag hinein leben.   ☐
4. Tener unos kilos de más.   Ein paar Pfunde zu wenig haben. ☐
5. A mal tiempo, buena cara. In schlechten Zeiten isst der
                                             Teufel Fliegen.   ☐

Las puertas se abren. Todo el *público* se pone de pie y empieza a aplaudir.

Comienza el espectáculo: los *jinetes* montados a caballo salen por la puerta, les siguen los toreros *acompañados* de sus *cuadrillas*. El grupo da la vuelta al *ruedo* y pide permiso a la presidencia para empezar la *corrida*. Paco es el primero en torear, es el torero con más *experiencia*. Un toro de color negro, de 529 kilos de peso y de nombre Mulato sale por la puerta. Comienza el primer tercio, llamado tercio de varas. Paco *sostiene* con las dos manos el *capote*. Una trompeta suena: es la señal para que los picadores salgan al *ruedo*. Montados a caballo y con una lanza en la mano, los picadores clavan la lanza al toro. El toro se *defiende* e intenta tirar al caballo y al *jinete*. Paco se *acerca* de nuevo al toro. Da nuevos pases con el *capote*.

–¡Olé, olé! –grita el *público* ante cada movimento de Paco.

Empieza el segundo tercio. Los *banderilleros* clavan las *banderillas* en el *lomo* del toro. El toro sangra y se mueve de forma peligrosa. Uno de los *banderilleros* se *retira* a tiempo de evitar uno de los peligrosos cuernos del animal. Los *banderilleros* se van.

El *público* aplaude, su trabajo ha sido espectacular. Anuncian el tercer tercio. El torero tiene que matar al toro y Paco cambia el pesado *capote* por la *muleta*. Da unos pases con la *muleta*. Paco se *detiene*, se *acerca* al lugar en el que está sentada su esposa. Se quita la *montera* y le grita a Marta:

–¡Va por ti, mi amor!

Paco le tira el gorro a su mujer. El torero dedica la muerte del toro a su esposa. Paco coge la *espada* con la que va a matar al toro y se *acerca* al toro. Paco reconoce el peligro del animal. Siempre le da pena tener que matar un toro tan *bravo*. El *diestro* se *detiene* y mueve la *muleta* para atraer la atención del toro.

–¡Eh, toro! –grita Paco.

El toro mira al torero con sus últimas fuerzas. Corre hacia Paco. El torero saca el *estoque* que esconde detrás de la *muleta*. Lo levanta en el aire y, cuando el toro está a su altura, le clava la *espada* hasta el *fondo*. El animal mira fijamente a Paco. Se mueve despacio de un lado a otro. Segundos después, el toro cae *muerto*.

El *público* se levanta entusiasmado y aplaude. Los espectadores, uno tras otro, sacan un pañuelo blanco. Piden la oreja del toro como premio. Los aplausos no terminan, y finalmente el presidente le da el premio. Al toro le cortan la oreja y se la dan al torero. *Contento*, Paco levanta el brazo y muestra el premio. Da una vuelta al *ruedo* antes de *retirarse*, mientras el *público* le premia con más aplausos.

Tras una breve pausa se anuncia la salida del segundo toro. Es el turno de Fermín. El joven se *santigua* al salir al *ruedo*. Abren la puerta y un toro *bravo*, de 513 kilos de peso y de nombre Aventurado, corre por el *ruedo*. Fermín no ve bien el toro, siente que *los ojos se le nublan*.

"¿Qué me pasa?", se pregunta, "puede ser la arena del suelo". El torero se toca los ojos.

El joven intenta *sostener* el pesado *capote*, pero pierde las fuerzas y el *capote* cae al suelo. Fermín *recoge* el *capote* del suelo e intenta dar un *pase*, se mueve de un lado a otro. El toro pasa peligrosamente a su lado. El muchacho se lleva la mano a la cabeza, está *mareado*.

–Tengo que concentrarme –dice Fermín para *darse ánimos*.

Fermín da un nuevo *pase* y vuelve a fallar.

–¿No ves que el toro está detrás tuyo? –grita irónicamente alguien desde el *público*.

Fermín se da la vuelta e intenta coger con fuerza el *capote*. El toro corre hacia Fermín. El joven cae al suelo y el toro agarra con los cuernos al torero por la cintura, levantándole en el aire.

El *público* empieza a gritar. Todo ocurre muy deprisa. El toro vuelve a cornear al torero dos veces más antes de que lleguen sus compañeros.

Los médicos *recogen* a Fermín del suelo. Un río de sangre *cubre* la arena.

–¡Cuida a mi mujer! –grita Juan a Blanca antes de saltar al *ruedo*.

Tomasa está pálida, intenta hablar pero se *desmaya*. Un señor la *sostiene* en sus brazos.

–Ha sido una fuerte impresión para la madre –comenta alguien.

La ambulancia lleva a Fermín al hospital.

Los *telediarios* de la noche comienzan con una trágica noticia: RÉQUIEM POR UN TORERO. El presentador cuenta:

–El joven torero Fermín González, más conocido como "el Niño", ha *muerto* esta tarde por las heridas causadas por un toro. Era la *corrida* de toros más importante de la *temporada* –*continúa* el presentador–, en ella participaban los dos mejores toreros del momento. El *equipo sanitario* llevó de inmediato al joven torero al hospital más cercano, pero los médicos no pudieron hacer nada por salvar al joven, que *murió* camino del hospital...

La noticia finaliza con un resumen de la corta vida del joven. La *triste* noticia es una sorpresa para el *público*. Todos lloran la muerte del joven torero. ¿Todos?

Übung 8: Lesen Sie weiter und setzen Sie die Wörter in Klammern in die passenden Lücken ein!
(amiga, plaza de toros, autopsia, médicos, comportamiento)

La familia de Fermín está destrozada; a Tomasa la atienden los (1.) _____, Blanca no puede creer lo que ha pasado y Quique intenta *tranquilizar* a su (2.) _____. Juan no puede llorar la muerte de su hijo, no puede parar de pensar que el (3.) _____ de su hijo en la (4.) _____ no era normal, algo le pasaba a Fermín. Juan quiere que le hagan la (5.) _____.

Un funcionario va a cerrar el *certificado de la muerte* del torero. En esos momentos llegan los resultados de la *autopsia*: "el Niño" tiene restos de unos peligrosos *tranquilizantes* en la sangre.

Capítulo 3: El inspector Gutierrez

Encargan al inspector Gutierrez investigar la muerte del torero. A sus cincuenta y cinco años es un experto *criminalista* y, durante los más de treinta años que ha pasado dedicado a la lucha contra el crimen, ha *resuelto* casos muy complicados.

En la comisaría, el comisario Pérez llama a Gutierrez a su oficina para hablar del caso. Cuando el inspector entra al despacho del comisario, este lo invita a sentarse en un sillón. Pérez mira a Gutierrez y empieza a hablar:

–Dígame Gutierrez, ¿qué sabemos del caso del torero?

–No mucho –responde el inspector–. Los resultados de la *autopsia* dicen que el torero salió al *ruedo* bajo los efectos de *tranquilizantes*.

–¿Otro joven con problemas de drogas? –pregunta el comisario, que está muy interesado.

–No lo creo –comenta el inspector–, dicen que el joven era un chico sano. Nada de alcohol ni drogas.

El comisario piensa que investigar la muerte de una persona famosa no es fácil. Los *periodistas* buscan noticias sobre el caso en todo momento.

–Los *periodistas* van a seguirnos de cerca –dice el comisario–. El joven era muy conocido.

El inspector hace un *gesto afirmativo* con la cabeza. Pérez mira a Gutierrez y continúa:

–Quiero *resolver* pronto este caso. No quiero fallos ni comentarios negativos en la prensa sobre nuestra policía.

–Haré todo lo posible –dice el inspector Gutierrez–. Ahora mismo voy a casa de los padres de Fermín.

–De acuerdo. Infórmeme lo antes posible –dice el comisario Pérez como despedida.

A la salida de la *comisaría* el inspector ve a muchos *periodistas* que esperan. El inspector camina deprisa, pero los *periodistas* le siguen. Abre la puerta de su coche sin decir una palabra.

Al llegar a casa de Fermín el inspector encuentra a más *periodistas*, algunos llevan cámaras fotográficas.

Übung 9: Lesen Sie weiter und füllen Sie die Lücken mit dem passenden Wort!

(invita, presenta, puerta, mira, preguntas, inspector)

El (1.) _____ llama a la (2.) _____,

Juan sale a recibir al inspector. El inspector Gutierrez se (3.)

_____ y dice que tiene que hacerle unas

(4.) _____.

–Pase, señor inspector –le (5.) _____ Juan.

El inspector (6.) _____ a Juan de arriba a abajo.

–Disculpe mi *aspecto* –dice Juan.

El padre del torero no está bien, lleva noches sin dormir. Su ropa está arrugada y algo sucia.

–No se *preocupe*. ¿Dónde está su esposa? –quiere saber el inspector Gutierrez.

–Está en la cama, usted no va a poder hablar con ella –explica Juan–. La muerte de Fermín ha sido muy dolorosa para nosotros. El médico le ha recetado *calmantes*. Tomasa pasa el día durmiendo.

–Siento la muerte de su hijo –dice el inspector.

–Gracias –responde Juan.

El padre del torero invita al inspector a tomar asiento en el sofá del salón.

–Imagino –*continúa* el inspector– que conoce los resultados de la *autopsia* de su hijo.

–Así es –*afirma* Juan.

–No parece *sorprendido* –comenta Gutierrez.

–Conocía a mi hijo –dice Juan–. Su *comportamiento* en el *ruedo* no era normal, le hice señales desde mi asiento, quería saber qué le ocurría, pero él no me vio. ¿Qué quiere saber, señor inspector? –pregunta Juan.

–Hay testigos que cuentan que usted no quería ver torear a su hijo aquella tarde. ¿Por qué? –se interesa el inspector.

–Mi hijo –dice Juan–, era un buen torero, pero no estaba *preparado* para torear junto a Paco. El de Utrera era aún mejor que mi hijo.

–Algunos vecinos del barrio le *escucharon* gritar frente a la casa de los Utrera que prefería ver *muerto* a su hijo.

Al recordar sus palabras Juan empieza a llorar.

–¡Yo maté a mi hijo! ¡Soy el *culpable* de su muerte!

El inspector no comprende a Juan.

–¿Puede contarme el motivo? –quiere saber Gutierrez–. ¿Por qué dice que Paco podía hacer mal a su hijo?

–Paco de Utrera y yo somos enemigos –comienza a contar el padre de Fermín.

El inspector pone cara de sorpresa.

–Conozco a Paco desde que tenía dieciseis años, le *enseñé* a torear y le ayudé a triunfar. Íbamos de plaza en plaza en busca de una *oportunidad*. Paco siempre fue un gran torero. Una tarde en la que Paco toreaba había entre el *público* un conocido *crítico*, sus críticas de Paco fueron muy buenas. Fue el comienzo de su *carrera* como profesional. El de Utrera no quiso trabajar más conmigo. ¡Con lo que yo hice por él! No le perdoné y *prometí vengarme* de él. Mi hijo era bueno –*continúa* Juan–, pero no tenía mucha *experiencia*. Paco podía vencer sin dificultades, y eso no era bueno para la *carrera* de Fermín. La única solución era convencer a Paco para no torear junto a mi hijo. Ahora ya es demasiado tarde.

El inspector Gutierrez toma nota de las palabras de Juan.

–¿Tiene algo más que decirme? –pregunta.

–¿Qué puedo decir? Debí perdonar a Paco hace tiempo, tal vez mi hijo todavía estaría vivo.

El inspector quiere ir ahora a casa de los Utrera. Da las gracias a Juan por su tiempo.

–No se levante –dice Gutierrez– sé donde está la puerta.

Juan *continúa* sentado en el sillón. Comienza a llorar.

El inspector Gutierrez va camino de la salida cuando Blanca sale de una habitación y se presenta al inspector:

–Soy Blanca, la novia de Fermín. Bueno –se corrige–, era.

Gutierrez le dice cuánto siente la muerte del joven.

–Dígame, señor inspector –quiere saber Blanca–, ¿quién pudo querer la muerte de Fermín?

–Eso es lo que quiero descubrir –responde el inspector–. ¿Tiene usted alguna idea? Alguien no le deseaba el bien. Dígame señorita, ¿notó algo extraño en el *comportamiento* del joven la tarde en la que *murió*?

Blanca piensa unos instantes antes de hablar:

–No. Fermín estaba muy *contento* ese día, estaba seguro de llegar a ser el número uno después de la *corrida*. En el coche, camino de la *plaza de toros*, *bromeó* con Paco de Utrera, le llamó abuelo. A Paco la *broma* no le *hizo gracia*.

–¿*Escuchó* usted a Juan desear la muerte de su hijo? –quiere saber el inspector.

Blanca mira al suelo.

–¿Qué ocurre? –pregunta el inspector.

–Juan fue a casa de los Utrera, creo que buscaba *pelea*. Sé que Juan quería a su hijo, pero a veces pienso que tenía *envidia* de su éxito.

–¿*Envidia*? –repite el inspector.

–Sí –dice Blanca–. Si Juan quería el triunfo de su hijo, ¿por qué no deseaba ver a Fermín torear junto al mejor torero del momento?

Esta chica no es *tonta*, piensa el inspector al *despedirse* de Blanca. Gutierrez va a casa de los Utrera. En el corto camino que separa las dos casas el inspector encuentra a más *periodistas* que quieren saber como van las investigaciones. Gutierrez no responde.

Capítulo 4: Más y más preguntas

El inspector *llama a la puerta* de los Utrera. Una *criada* abre la puerta e invita al inspector a entrar y a esperar unos minutos mientras avisa al torero.

Poco más tarde *aparecen* Paco y Antonio.

–¿En qué puedo ayudarle? –pregunta el torero–. ¿Es por la muerte de "el Niño"?

–Exacto –responde el inspector–. Quiero hacerle algunas preguntas.

El inspector quiere *escuchar* la versión de Paco respecto a su relación con Juan.

–Nuestra relación profesional no terminó bien –dice Paco, después de contar la misma historia que Juan.

–Juan no contaba con los medios adecuados para Paco –dice Antonio–, ofrecí mis servicios y Paco se decidió por mí.

–¿Qué relación tenía con el joven? –pregunta Gutierrez al torero.

–Ninguna –dice Paco.

–¿Ninguna? –repite Gutierrez.

–Hace unos meses "el Niño" vino a vivir al barrio –explica Paco–. Se hizo amigo de mi hijo, pero yo no tenía contacto con el joven.

–¿Puedo saber por qué? –pregunta el inspector.

–No es ningún secreto que los dos éramos rivales –cuenta Paco.

El inspector mira seriamente a Paco.

–¿Deseaba usted la muerte del torero? –quiere saber Gutierrez.

–Lamento la muerte del joven –dice *imprevisiblemente* Paco–, era un buen torero. El muchacho tenía talento.

–¿Cómo lamentas la muerte de la persona que te "robaba" el dinero? –pregunta Antonio a Paco.

El inspector está *confundido*. Mira a Paco y al manager a la espera de una *explicación*. El torero comienza a contar:

–Mi *asesor financiero* me *advirtió* sobre mi mala situación económica. Desde hacía un tiempo Fermín empezaba a firmar los *contratos* que antes eran míos. Antonio me *sugirió* torear junto a "el Niño", era la forma de *recuperar* mi posición y poder *obtener* más *contratos*.

Gutierrez se pasa la mano por los cabellos antes de decir:

–Debe saber que es *sospechoso* de la muerte de "el Niño".

–¿Cómo? ¿Está usted loco? –grita el torero–. Yo tuve la idea de participar juntos en la misma *corrida*, ¿cree que necesito *público* para matar a alguien?

–Paco –intenta *calmarlo* Antonio–, no hables más, esto es muy serio. Llama a tu *abogado*.

–Claro que es serio –dice el torero–, me *acusan* de *asesinato*. ¿Puedo saber como maté a "el Niño"?

–Los resultados de la *autopsia* hablan de grandes cantidades de *tranquilizantes* en la sangre del joven –explica el inspector.

–De ahí su extraño *comportamiento* en el *ruedo* –comenta Antonio.

–He oído que el joven y su hijo eran buenos amigos. ¿Puedo hablar unos minutos con su hijo? –pregunta Gutierrez y añade–, tal vez él puede ayudarme.

Paco no *escucha* al inspector, que vuelve a repetir la pregunta.

–No va a poder ser –dice Paco–, mi hijo está de compras con su madre.

–Vendré en otro momento –dice el inspector–. Es hora de irme. Gracias por su ayuda.

Übung 10: Lesen Sie weiter und unterstreichen Sie die fünf nicht dazugehörenden Sätze!

Al salir de casa de los Utrera la situación se vuelve a repetir, los *periodistas* siguen al inspector hasta su coche, necesitan una noticia. La música en la discoteca está muy fuerte. El inspector se vuelve antes de cerrar la puerta de su coche.

–¿Quieren una noticia? Les voy a dar una: me voy a comer.

"Demasiadas preguntas sin respuesta", piensa Gutierrez, camino del restaurante donde va a comer todos los días. Una comida caliente le puede ayudar a *ordenar* sus ideas. Al llegar al *sencillo* restaurante "La Marea" todos saludan amablemente al inspector. Le conocen desde hace años. Un chico se *acerca* a hablar con una chica muy guapa. En una mesa, cerca de la puerta, hay un señor sentado. El inspector se *acerca*.

–¿Cómo estás, amigo Pepe? –pregunta.

–Bien –responde el otro–. Siéntate conmigo.

El inspector se sienta y pide en voz alta:

–¡El *menú del día*, por favor!

–Cuentan en el barrio –habla Pepe sin apartar los ojos de su comida– que investigas la muerte del joven torero.

–Así es –responde el inspector–. No es nada fácil, hay *periodistas* por todas partes. El chico le pregunta si quiere bailar. ¿Cómo va la farmacia? –pregunta Gutierrez a Pepe.

–Bien. Pero, ¿desde cuándo te interesa mi farmacia, amigo? –pregunta *sorprendido* Pepe.

–Los *tranquilizantes* "Anadal" –*continúa* Gutierrez sin dar una *explicación*–, ¿pueden comprarse sin *receta*?

–No, amigo –responde Pepe el farmacéutico–, son muy fuertes. La chica no *escucha* bien la pregunta y le contesta. Hay que respetar la dosis, pueden llegar a ser *mortales*.

–Muchas gracias Pepe –dice el inspector levantándose de la mesa.
El camarero llega con la comida. El inspector se vuelve y le dice:
–Después la calientas en el *microondas*. Muy bien gracias, ¿y tú?
El inspector vuelve a toda prisa a su *despacho*, quiere hacer unas
llamadas por teléfono.

Übung 11: Ordnen Sie die Wörter zu sinnvollen Sätzen!

1. muy es entre mujeres las torero el popular

_____

2. noches lleva sin Juan dormir

_____

3. ¿saber qué por puedo?

_____

4. amigos hasta con tarde sus salieron muy

_____

5. su profesional no relación bien terminó

_____

El inspector cierra la puerta de su oficina, necesita tranquilidad
para hablar por teléfono. Gutierrez llama a las farmacias del barrio
donde vivía el joven torero. Quiere saber si en las últimas semanas
han vendido *tranquilizantes* de la marca "Anadal". Después de
varias llamadas no hay resultados positivos.
–Ese producto sólo se vende con *receta*, señor. No lo puede comprar cualquiera –le informa una señora al teléfono.

30

—Eso ya lo sé –dice, aburrido, Gutierrez.

En una farmacia le dicen que han vendido el producto durante la última semana. El inspector parece *recuperar* el interés, quiere conocer el nombre de la persona que compró los *tranquilizantes*.

—Es una señora que toma el medicamento desde hace ocho meses, sufre de los nervios –le cuenta el farmacéutico al teléfono.

El inspector empieza a *desesperarse*. En la siguiente llamada una joven al otro lado del teléfono le informa:

—Pues sí, señor inspector, en el libro de *ventas* tenemos la *venta* de una caja de "Anadal".

—¿Puede decirme quién la compró? –pregunta el inspector.

—Pues no –le responde la voz juvenil.

—¡Señorita! ¡Tiene que darme el nombre de la persona a la que vendió el producto! –grita Gutierrez al perder la paciencia.

—Lo siento –dice la joven–, yo trabajo aquí desde hace tres días. El dueño de la farmacia está de viaje, él vendió los *tranquilizantes*.

El inspector pide el teléfono del dueño de la farmacia.

—Tengo que hablar con él, es importante –explica a la chica.

Gutierrez llama a casa de los Utrera. Esa misma tarde irá a hablar con la esposa del torero y con su hijo. El inspector *continúa* con su trabajo. A las cinco de la tarde sale en dirección a La Moraleja.

Marta y Quique le esperan en el salón de la casa. Cuando el inspector ve a Marta piensa que es más guapa que en las revistas.

—¿En qué puedo ayudarle? –pregunta Marta amablemente.

El inspector no responde a Marta, mira a Quique y le pregunta si Fermín tenía problemas.

—Todo estaba bien –dice el joven.

—¿Era un problema ser amigo del enemigo de tu padre? –quiere saber Gutierrez.

—No hablábamos mucho sobre ello. Salíamos juntos a divertirnos

–responde Quique.

–¿Quiénes?

–Fermín, Blanca y yo.

–Los chicos eran buenos amigos –aclara Marta.

–Entre vosotros, ¿no había problemas? –pregunta Gutierrez a Quique.

–En realidad yo..., bueno, Blanca... –dice *confuso* el joven.

Marta no deja terminar a su hijo:

–Hijo, ¿no es hora de tu clase de inglés?

Quique mira *confundido* su reloj mientras *afirma* con la cabeza.

–El chico se *prepara* para ir a la universidad en Inglaterra –sonríe Marta al inspector.

El chico, algo *nervioso*, mira a su madre y se *despide*.

Gutierrez pide a Marta su opinión sobre la *enemistad* entre Juan y Paco. También dice que quiere saber todo sobre los problemas económicos de su marido.

A la esposa del torero no le *parece* importante la *pelea* entre su marido y Juan.

–Pasó hace años –comenta Marta.

Marta reconoce las dificultades económicas de la familia.

–Nada sin solución –*afirma*.

Gutierrez comprende que no va a *obtener* más información. Es mejor marcharse.

–Le *acompaño* hasta la salida –dice Marta con una sonrisa encantadora.

Al inspector le *sorprende* ver a Blanca en el pasillo de la casa. La joven habla con Quique. Blanca pone cara de sorpresa al ver a Gutierrez.

–¡Ah!, usted por aquí... –murmura el inspector.

–He venido a devolver una película a Quique –dice la muchacha a modo de *explicación*.

Übung 12: Übersetzen Sie ins Deutsche!

1. El inspector Gutierrez llama por teléfono al dueño de la farmacia.

2. Quique estudia inglés para ir a Oxford.

3. Los jóvenes salen juntos los fines de semana.

4. La plaza mayor está en el centro de Madrid.

5. El novio de Blanca se llama Fermín.

El inspector regresa a la *comisaría*, quiere llamar por teléfono. Una vez que *cuelga el teléfono* piensa que es hora de *considerar* la información que tiene y responder algunas preguntas: ¿hasta dónde llegaba la *enemistad* entre Juan y Paco? ¿prefería Juan a su hijo *muerto* antes que verlo torear junto a su mayor enemigo?

Paco, el principal *sospechoso*, tenía buenos motivos para matar al torero: "el Niño" tenía más *contratos*. Sin Fermín, la *carrera* del torero volvería a tener éxito, y él a tener más dinero.

Tal vez Antonio, el manager, quiso asegurar su trabajo con Paco, por lo que decidió matar a Fermín.

¿Por qué protege Marta tanto a su familia?, ¿por qué no dejó hablar a Quique?, ¿qué tiene el joven que ocultar?, ¿por qué cree Blanca que Juan tenía *envidia* de Fermín? y ¿cuál era la verdadera relación entre la muchacha y Quique?

Tal vez el *asesinato* no fue tal, quizás el joven tomó los *tranquilizantes* por *miedo* a torear junto a Paco.

Gutierrez permanece hasta tarde en la *comisaría*. Camino de casa se para a cenar algo en "La Marea".

Esa noche Gutierrez duerme mal. A la mañana siguiente, con *aspecto* cansado, el inspector va a trabajar. En su mesa encuentra un sobre con su nombre. Cuando lo abre sale una foto: Juan *sostiene* una bolsa en la que se ven unas botellas de *bebida isotónica*.

–¿Cómo no me he *dado cuenta* antes? –se pregunta, dándose un *golpe* en la cabeza–. ¡Ahora está todo claro! Ya sé quién es el *culpable* de la muerte de "el Niño".

*Übung 13: Setzen Sie die richtige Form von **ser** oder **estar** ein!*

1. ¿De dónde _____ Paco?

2. En la foto _____ todos muy guapos.

3. Paco _____ un gran torero.

4. La plaza de toros _____ llena de gente.

5. ¿Cómo _____ ? Yo _____ bien, gracias.

Es hora de hacer una reunión: la familia Utrera, Antonio, Juan y Blanca van a la *comisaría*. Cuando están todos, el inspector les invita a sentarse. Gutierrez empieza a hablar:

–Más de una persona tenía motivos para desear la muerte de "el Niño", incluso su propio padre.

Juan no puede creer lo que dice el inspector. Gutierrez explica que muchas personas le *escucharon* gritar en la calle, que prefería ver *morir* a su hijo antes que verlo torear con Paco de Utrera.

Gutierrez *continúa* y aclara con voz firme:

–Paco de Utrera es *a todas luces* el principal *sospechoso*. La desa-parición de "el Niño" le podía devolver la *fama* perdida y pagar sus *deudas*. Blanca, la novia del torero, también tiene sus motivos. Todos se vuelven a mirar a Blanca que se pone pálida.

El inspector cuenta como en su visita a la casa de los Utrera encuentra a la chica.

–Sé que tiene gran amistad con Quique, pero Blanca debería estar junto a los padres de Fermín, no con Quique. Mi instinto me dice que ahí hay algo más que amistad.

Blanca se levanta de su silla y mira a Quique antes de hablar:

–Es hora de decir la verdad. Quique está enamorado de mí desde hace tiempo. Me hablaba de dejar a Fermín e irme con él. Decía que iba a contárselo. Mi novio era muy *celoso* y me daba *miedo* su reacción ante las palabras de Quique. Yo intentaba *tranquilizar* a Fermín, pero estaba enamorada de Quique –la joven comienza a llorar.

–Si no me *equivoco* –dice Gutierrez mientras mira a Quique–, eso es lo que intentaste decirme cuando tu madre te interrumpió el otro día.

–Sí –responde *triste* el joven–, estoy cansado de ocultar mis senti-mientos. Lo que hice con Blanca no está bien. Lo siento –termina de decir a la vez que mira a la joven–, espero que me perdones.

–Eso mismo –dice el inspector mientras mira a Quique–, es lo que te hace a ti también *sospechoso*.

Quique no da crédito a lo que *escucha*. Marta se levanta de su silla y grita:

–¡Está usted loco, inspector!

–Tal vez no tanto, señora –responde.

Antonio intenta *calmar* la situación:

–Es mejor *tranquilizarse*, Marta. El inspector no ha *acusado* a tu hijo. Sólamente se trata de una teoría.

–Tiene usted razón –dice Gutierrez mientras mira a Antonio–. Dígame, ¿qué motivos tiene el manager para desear la muerte de Fermín?

–¿No hablará en serio? –pregunta Antonio *asustado*.

–No estamos aquí para divertirnos –contesta el inspector–, quiero aclarar quién mató al joven torero.

–¿Por qué iba a hacerlo yo? –se interesa Antonio.

–El éxito como torero de "el Niño" era negativo para usted –explica Gutierrez–. Si Paco no tenía *contratos* usted tampoco ganaba dinero. De seguir así la situación, llegaría el día en el que Paco le podía *despedir*.

–Tiene razón –comenta el manager–, pero yo no maté al joven.

–Usted nos ha traído para decirnos quién ha matado a Fermín. ¿Nos lo va a decir? –pregunta *impaciente* Paco.

–En seguida –responde Gutierrez–, pero antes tengo que hacer una pregunta. ¿Por qué me envió la foto de Juan con las *bebidas isotónicas*? –pregunta el inspector mirando a Marta.

Übung 14: Sind die Aussagen korrekt?
Markieren Sie mit richtig ✔ oder falsch – !

1. Juan quiere ver torear a su hijo con Paco de Utrera. ☐
2. Hay muchos sospechosos del crimen. ☐
3. Quique está enamorado de Blanca. ☐
4. Las bebidas isotónicas son las bebidas preferidas de Paco. ☐
5. El inspector sabe quién es el culpable de la muerte de "el Niño". ☐

Marta no responde a la pregunta.

–Marta –dice el inspector Gutierrez mirándola a los ojos–, la *acuso* del *asesinato* de Fermín "el Niño".

Los *reunidos* no pueden creer lo que *escuchan*.

–*Afirmo* lo que dice mi esposa, ¡usted está loco! –grita Paco mientras se levanta de su silla.

Marta mira al suelo y se toca *nerviosamente* las manos. Paco se *acerca* a su mujer.

–¡Dime que no es cierto!

La esposa del torero comienza a llorar silenciosamente.

–Como todos saben –comienza a decir el inspector–, Marta es una esposa feliz que por encima de todo quiere a su familia. Ésa es la imagen que nos dan las *revistas del corazón*. Marta vió como a causa de la *fama* de Fermín su familia podía tener problemas económicos, y eso no lo podía soportar. Además ella conocía las frecuentes visitas de Blanca a su hijo mayor. Habló con su hijo y confirmó sus sospechas, su hijo estaba enamorado de la joven. Marta veía en Fermín una *amenaza* para su familia –dice Gutierrez con voz más baja–, y sólo busca la felicidad de su familia. Por ello decidió acabar con "el Niño".

Gutierrez espera un momento y *continúa*:

–La *oportunidad* se presentó el día del *duelo* entre ambos toreros. Camino de la plaza Marta le dio una bolsa a Juan que *contenía bebidas isotónicas* que tanto le gustaban a Fermín. Le explicó a Juan que eran para *brindar* antes de la *corrida*. Marta hizo las fotos en las que Juan *sostenía* la bolsa, ya que necesitaba una *excusa* por si algo salía mal. Marta es la que reparte las bebidas –pues sólo ella sabe en cuál ha echado los *tranquilizantes* que compró en una farmacia del barrio. Había un pequeño problema: los *tranquilizantes* que echó en la bebida sólo se venden con *receta*. La foto en la que *aparece* Juan estaba ayer en la mesa de mi *despacho* –explica el inspector–. Marta intentó confundirme sobre el posible *culpable*, quería estar segura. Con Juan como *acusado* ella no iba a tener más problemas.

–¿Quién dice qué yo compré "Anadal"? –pregunta Marta, y en el momento se *da cuenta* de su error.

–El farmacéutico conoce a su familia desde hace años –cuenta Gutierrez–. Usted le pidió el favor, con la *excusa* de estar estresada y *nerviosa* en las últimas semanas, para poder comprar el medicamento. Y tal como usted dice, "Anadal" era el *tranquilizante* que *contenía* la bebida del joven.

Paco mira *asustado* a su esposa.

–Yo no quise matarlo –lamenta Marta.

–La creo, señora. Pensó que si por *casualidad* Fermín *moría* nadie iba a pensar que su muerte era por otra causa. No contaba con los resultados de la *autopsia*. El resto es historia –concluye el inspector Gutierrez mientras llama a dos policías para *detener* a la esposa de Paco de Utrera.

Marta se *resiste*. Paco abraza a su mujer que llora *amargamente*.

–¡Lo hice por nosotros! ¡Por nuestra familia! –intenta explicar la esposa a su marido.

La policía se lleva a Marta mientras grita:

–¡Soy una buena madre y esposa! ¡No soy una *asesina*!

Las noticias de la noche dan a conocer las causas de la muerte de Fermín "el Niño", el cual pasa a ser una leyenda en el mundo del toreo.

EL MISTERIO DE LA ESTUDIANTE DE SALAMANCA
Mario Martín Gijón

Capítulo 1: Un trágico inicio de curso

Es la una del mediodía y la música del *móvil* no deja de sonar. El comisario José Márquez duerme aún. Aunque es uno de los mejores detectives de España, últimamente no tiene mucho trabajo, y la noche anterior estuvo viendo la tele hasta muy tarde. Finalmente, el comisario se despierta y responde medio dormido:

–Sí, dígame.

–Hola, Pepe, soy Carlos–. La voz *angustiada* de Carlos, uno de los mejores amigos de Márquez, hace pensar a éste que ha ocurrido algo trágico.

–Hola, Carlos, ¿qué ocurre? ¿por qué estás tan *nervioso*?

–¡Mi hija, Pepe, mi hija Sofía! –grita Carlos sin poder *contener* la emoción–. La han encontrado *muerta* esta mañana dentro de la facultad vieja de la universidad de Salamanca.

–¿Pero Carlos, qué me dices? ¿Cómo es posible?

–No lo sé, Pepe. Es algo muy extraño. Estaba en el suelo, al pie de una gran escalera que hay en la facultad. Tenía el cuello roto... –Carlos se *interrumpe*, no puede controlar las lágrimas.

–Pero ¿cómo ha podido caerse? ¿Crees que fue un *accidente*? O quizás... –Márquez se *interrumpe*, no se *atreve* a decir a su amigo lo que piensa.

–Ya sé lo que piensas, Pepe. No, no fue un suicidio. Estoy seguro. Es todo muy *raro*. La encontraron por la mañana, o sea, que *murió* por la noche, y la facultad estaba cerrada. Alguien la mató, estoy seguro. Necesito tu ayuda, Pepe.

–Carlos, siento muchísimo lo ocurrido. Iré a Salamanca lo antes posible.

–Por eso no te *preocupes*, Pepe –responde Carlos, algo más *calmado*–. Yo ya estoy en Madrid. En media hora voy a tu casa y nos vamos a Salamanca.

Cuando suena el timbre, Márquez baja rápidamente las escaleras. Su amigo Carlos *parece* menos *nervioso* que antes.

–Lo siento mucho, Carlos –le dice Márquez, dándole un abrazo y *conteniendo* la emoción.

–Venga, vamos cuanto antes –responde Carlos.

Salamanca está a 200 kilómetros al oeste de Madrid. La carretera, a partir de un punto, no es demasiado buena. Hay muchas montañas. Durante el viaje, Carlos y Márquez casi no hablan. Pasan por la pequeña ciudad de Ávila, y Márquez *contempla* sus famosas murallas. Ávila es conocida por ser la única ciudad de España que conserva en total sus murallas *medievales*. A partir de allí terminan las montañas, y el coche de Carlos cruza una larga *llanura* con algunas *encinas*, donde se ven algunos toros. En la provincia de Salamanca se *crían* algunos de los toros más *bravos* de España. Márquez *observa* el paisaje, pero tiene ganas de llegar pronto a la ciudad y comenzar a trabajar en el caso. Por otra parte, necesita un café para despertarse del todo, ya que el silencio de Carlos y la larga *llanura* hacen que se esté empezando a dormir...

!

ÜBUNG 1

Übung 1: Übersetzen Sie und tragen Sie das Gegenteil der folgenden Wörter auf Spanisch ein!

1. oeste   = _____ ≠ _____

2. bueno = _____ ≠ _____

3. mucho = _____ ≠ _____

4. pequeño = _____ ≠ _____

5. largo = _____ ≠ _____

6. lleno = _____ ≠ _____

7. pronto = _____ ≠ _____

–Ya estamos llegando –avisa entonces Carlos. *En efecto*, cuando Márquez levanta la vista ve al final de la *llanura* los primeros edificios de la ciudad y, por encima de éstos, la *cúpula* de la catedral nueva.

Márquez se *despide* de Carlos frente a la universidad. Los profesores ya han sido avisados para que respondan a las preguntas del detective.

–Carlos, te *prometo* que descubriré la verdad, sea cual sea.

–Gracias, Pepe, *confío* en ti –responde Carlos, antes de marcharse.

Márquez *observa* a su alrededor. La universidad de Salamanca fue fundada en el siglo XIII, por lo que es la más antigua de España y una de las más antiguas de Europa. Actualmente sigue siendo una de las mejores universidades de España y en ella estudian jóvenes de todo el país.

Es el inicio del curso universitario y normalmente las calles están llenas de estudiantes que celebran fiestas. Este año, a causa del triste suceso, hay un ambiente menos alegre y algo *tenso*.

Márquez entra en la facultad y se dirige a una sala donde le esperan varios de los profesores de Sofía.

–Hola, soy el detective Márquez –se presenta–. Vengo a *ocuparme* del caso de Sofía – soy un amigo de su padre.

–¡Ah, gracias a Dios que está usted aquí! ¡Qué desgracia! ¡Una chica tan joven! –exclama la profesora María Carbajosa, muy *nerviosa*.

–¿Conocía usted bien a la estudiante? –le pregunta Márquez.

–No, por desgracia no –responde la profesora Carbajosa–. Yo soy profesora de griego, ¿sabe usted? Sólo la tuve en clase un semestre. Pero el profesor Alonso la conoce bien, ¿verdad que sí, Miguel? Quizás puedes ayudarle al señor Márquez...

Márquez *observa* al Dr. Alonso, un hombre de unos cincuenta años, alto, un poco calvo.

–Sí, yo la conocía bien. Soy Miguel Alonso, encantado de conocerle. El profesor y Márquez se dan la mano.

–El placer es mío, señor Alonso –responde Márquez–. ¿Dice usted que conocía bien a la estudiante?

–Sí, ella estudiaba *filología hispánica*, y yo soy profesor de literatura castellana *medieval*. La recuerdo muy bien porque era una estudiante muy trabajadora y brillante. Una chica simpática que sacaba muy buenas notas.

Übung 2: Lesen Sie weiter und unterstreichen Sie die richtige Variante!

–¿Qué más puede (1.) ocultarme/decirme sobre ella, profesor? –pregunta Márquez.

–Pues... no sé qué (2.) decirle/preguntarle... –comenta Alonso–. Yo la conocía sólo como *alumna*, y no puedo opinar, pero *parecía* algo *inestable*. Unos días *parecía* muy (3.) alegre/triste, hacía preguntas en clase, hablaba con sus compañeras... pero había otros días que se la veía (4.) alegre/triste, no hablaba con nadie...

–¿Tiene alguna idea sobre el motivo de esos cambios, profesor? – (5.) contesta/pregunta Márquez.

–Bueno, *supongo* que es (6.) extraño/normal en los jóvenes, quizás tenía problemas personales... Es mejor que pregunte a sus compañeras de clase, a Lucía por ejemplo, creo que era su mejor amiga. Ella estudia historia, pero estaban juntas en la *asignatura* de literatura castellana *medieval*.

–¿Cómo puedo (7.) buscar/encontrar a esa amiga? –pregunta Márquez.

–No (8.) se *preocupe*/se *enfade*, señor comisario. Como profesor, tengo un completo *fichero* con los *datos* de mis *alumnos*. Enseguida voy a hacer una fotocopia de la *ficha* de Lucía y así podrá encontrarla.

Alonso (9.) se calla/se marcha y vuelve después de cinco minutos a la sala.

–Aquí tiene la *ficha* de Lucía –explica al comisario–, tengo muchos *alumnos*, necesito estas *fichas* para conocerlos a todos.

El comisario Márquez mira la *ficha* con la foto de Lucía. Tiene el pelo largo y negro, y los ojos verdes. La chica no solamente le parece guapa, sino tiene también una sonrisa simpática.

–¿Es guapa, eh? –pregunta el Dr. Alonso con una sonrisa–. La he visto hace un *rato* en la cafetería. Si se *da* usted *prisa*, quizás aún la encuentre.

–De acuerdo, profesor Alonso. Muchas gracias por su ayuda –dice Márquez.

–Si necesita saber algo más, no dude en preguntarme –responde Alonso, sonriendo de nuevo–. Aunque creo que ya le he contado todo lo que sé –*añade*.

Márquez piensa que el profesor Alonso es muy amable y colaborador. Ojalá todos los profesores fueran así.

43

ÜBUNG 3

Übung 3: *Füllen Sie die „Ficha" von Lucía aus! Verwenden Sie dazu die Begriffe in Klammern. Ergänzen Sie im Anschluss die Beschreibung Lucías unten!*

(Licenciatura, Nombre, Fecha de nacimiento, Asignatura, Apellidos, Lugar de nacimiento, Número de teléfono)

1. _____ : Lucía

2. _____ : Hernández Muñoz

3. _____ : 16 de julio de 1985

4. _____ : Sevilla

5. _____ : Historia

6. _____ : Literatura Castellana Medieval

7. _____ : 73 21 01

a) Lucía nació en _____ el _____ .

b) Sus apedillos son _____ .

c) El número de teléfono de Lucía es _____ .

d) Lucía es estudiante de _____ .

e) Tiene el pelo _____ y _____ .

f) Es una chica muy amable y _____ .

g) Sofía era su mejor _____ .

Márquez entra en la cafetería de la facultad. Está llena de estudiantes y hay mucho ruido de conversaciones. Márquez busca entre la gente alguna cara *parecida* a la de la foto. Pronto ve a Lucía, que está *apoyada* en la barra tomando un café con leche. Márquez se *acerca* a ella.

–Hola, soy el detective Márquez. Tú eres Lucía, ¿verdad?

La chica le mira *sorprendida*.

–¿Cómo? ¿Y usted cómo sabe mi nombre?

–El profesor Alonso me ha dicho que eras amiga de Sofía, y quería hacerte unas preguntas.

–Pues... ahora no puede ser. Tengo clase dentro de cinco minutos –dice Lucía, y mira su reloj–. No, ya llego tarde, quizás otro día, ¡adiós!

Lucía bebe de un trago su café y se va, sin dar tiempo a Márquez para decir nada. Márquez piensa en seguirla, pero no lo hace. Tiene hambre, y además tiene que ir aún a la *comisaría* para coordinar la investigación con la policía local de Salamanca. Llama a la *comisaría*. El jefe de policía es muy amable y le invita a comer en un restaurante de comida *casera*.

Por la tarde, Márquez llama a Lucía. En la *ficha* que le dio Alonso está su número de teléfono. *Marca* el número de *móvil* y espera.

–Sí, ¿quién es? –pregunta Lucía.

–Hola, soy Márquez otra vez –contesta el detective–. Quiero saber cuándo podemos hablar sobre tu amiga Sofía.

–Está bien. ¿Puede venir usted al bar "La Tarara" esta noche? He quedado allí con mis amigos, hay una fiesta.

–¿No puede ser en otro sitio? –pregunta Márquez, que no tiene ganas de ir a una fiesta de jóvenes donde puede *llamar la atención*.

–He quedado ya con mis amigos... –dice Lucía–. Sí, ya sé lo que piensa usted, que cómo voy a una fiesta cuando acaba de *morir* mi amiga... Es que no puedo quedarme en casa pensando en eso, no quiero pensar en ella, tengo *miedo*...

45

–De acuerdo, iré a esa fiesta, espero que no faltes. ¿A qué hora vas a estar allí?

–Sobre las once o las doce –contesta Lucía.

Márquez piensa que en su época los jóvenes no salían tan tarde. No pensaba que a esas horas tuviera que estar trabajando, pero acepta:

–De acuerdo, allí nos vemos.

Capítulo 2: Una noche muy movida

A las doce en punto, Márquez llega al bar "La Tarara". Desde fuera ya se oye la música. Cerca de la puerta hay jóvenes hablando. A Márquez le da algo de *vergüenza* entrar en una fiesta de estudiantes, pero piensa que *al fin y al cabo* es su trabajo.

El bar está lleno de estudiantes que bailan música salsa o que hablan con sus amigos con una cerveza o un vaso de *calimocho* en la mano. Márquez ve pronto a Lucía en un grupo de chicas y chicos que ríen mucho. En cambio, Lucía está seria.

Márquez se *acerca* por detrás y le toca ligeramente en el *hombro*.

–Hola, Lucía –dice Márquez–. ¿Podemos hablar ahora?

Lucía *parece* algo *molesta*. No sabe qué pueden pensar sus amigas al verla con un hombre mayor como Márquez, pero quiere ayudarle a encontrar la verdad sobre el caso de Sofía.

–De acuerdo, como quiera.

–Muy bien. ¿Quieres tomar algo?

–Sí, una coca-cola.

A Márquez le apetece tomar un whisky, pero *tiene como norma* no hacerlo mientras está de servicio y pide otra coca-cola para él.

–Gracias, señor... –Lucía ha olvidado cómo se llama el detective.

–Márquez –dice el comisario con una sonrisa.

–Gracias, señor Márquez. ¿Qué quiere usted saber sobre Sofía?

–Pues todo lo que pienses que puede ayudarme. ¿La conocías mucho?

–Sí, era una de mis mejores amigas –responde Lucía–. Ella estudiaba *filología hispánica*. Yo estudio historia.

–Entonces, ¿no estabais juntas en clase? –pregunta Márquez.

–No, sólo en algunas *asignaturas*, como literatura *medieval*. En realidad nos conocimos en el autobús.

–¿Cómo fue eso? –pregunta Márquez.

Übung 4: Lesen Sie weiter und unterstreichen Sie die passende Variante!

–Yo no (1.) soy/estoy de Salamanca, y ella (2.) también/tampoco lo (3.) era/estaba. Yo (4.) soy/estoy de Sevilla, y ella (5.) era/estaba de Mérida, en Extremadura. Algunos fines de semana yo (6.) voy/vengo a ver a mi familia, y ella (7.) también/tampoco lo hacía. Viajábamos en el mismo autobús. Nos hicimos amigas, y siempre (8.) nos poníamos/nos hacíamos de acuerdo para (9.) ir/venir juntas. Así los viajes (10.) eran/estaban menos aburridos.

–¿Qué otras personas conocían a Sofía?

–La verdad es que Sofía no tenía muchas amigas –responde Lucía–. Quizás yo era su mejor amiga... bueno, también estaba Rubén, claro.

–¿Quién es Rubén? –pregunta Márquez.

–Rubén era su novio. Llevaba con él mucho tiempo, pero *rompieron* hace poco –explica Lucía–. Por cierto, Rubén es el hijo del profesor Alonso, ése que da el teléfono de sus *alumnas* a extraños –comenta la chica con ironía.

Márquez no responde al comentario de Lucía, está más interesado en conocer más *detalles* sobre Rubén.

–Creo que debo hacerle algunas preguntas a Rubén. ¿Sabes cómo puedo encontrarle?

–Eso es muy fácil –responde Lucía–. Él siempre va al mismo sitio, un bar de heavy metal que se llama "La Cripta". Seguro que le encuentra allí.

–Es una buena idea. ¿Puedes *acompañarme*?

Lucía piensa un momento. No le gusta la idea de irse de la fiesta, pero finalmente se decide y se *despide* de sus amigos.

!

ÜBUNG 5

Übung 5: Lesen Sie weiter und übersetzen Sie die folgenden Sätze!

1. –Chicos, tengo que irme a casa –dice Lucía a sus amigos.

_____

2. –Vale, Lucía, nos vemos mañana en clase –le contesta su amiga Marta.

_____

3. –Lucía, ¿es él tu nuevo novio? –le pregunta Felipe, uno de sus amigos.

_____

4. Lucía se enfada un poco. –No es mi novio.

_____

5. –Vale, Lucía, te creo –contesta Felipe y se ríe.

_____

6. Lucía no contesta y sale del bar.

7. –Tus amigos son muy *graciosos* –comenta Márquez.

"La Cripta" no está muy lejos, Lucía y Márquez pueden ir a pie. Es un bar pequeño, con música muy alta, lleno de chicos con pelo largo y camisetas negras. Lucía señala a un chico que está solo, *apoyado* en la pared.

–Ahí está. Espere, yo hablo con él.

Rubén está mirando al suelo, con una cerveza en la mano, y mueve la cabeza al ritmo del heavy metal. Lucía se *acerca*, pero él no se *da cuenta* hasta que ella le habla:

–Hola, Rubén. ¿Cómo estás?

Rubén no contesta. Lucía le pregunta otra vez y *apoya* su mano en el *hombro* de Rubén.

–Rubén, ¿no me reconoces? Soy Lucía. ¿Qué te pasa?

Rubén por fin deja de mirar al suelo y levanta la cabeza.

–Ah, Lucía, qué pasa. Lo siento, he bebido mucho, estoy algo *borracho*.

–No pasa nada, Rubén. Oye, aquí hay un señor que te quiere hacer unas preguntas –le dice Lucía. Márquez está ya a su lado.

–¿Y qué quiere ese *tío*? –pregunta Rubén–. Yo no quiero responder a preguntas de nadie. Dejadme en paz.

–Hola, Rubén, soy el comisario Márquez. Sólo quiero hacerte algunas preguntas sobre Sofía.

–¿Y qué quiere saber? Yo no sé nada.

–Lucía me ha dicho que tú eras el novio de Sofía. ¿Cuándo fue la última vez que la viste?

Rubén empieza a ponerse *nervioso*.

–¿Cuándo la vi? No me acuerdo, ni quiero acordarme. Oiga, yo quiero olvidar, déjeme en paz.

–Lo siento, pero es mejor que contestes a mis preguntas.

–Oiga, yo no sé nada, pregúntele a ese *tío* de allí –dice Rubén, y señala al *fondo* del bar. Márquez mira en esa dirección y Rubén aprovecha ese momento para *huir*. Márquez corre detrás de Rubén.

–Ya te tengo, chaval –dice Márquez, al tiempo que *consigue* alcanzar a Rubén. Ambos caen y *ruedan* por el suelo. Rubén da un *puñetazo* a Márquez, pero el detective *consigue* dominarle y le pone las *esposas*. Rubén deja de ofrecer *resistencia*.

–Vamos a *comisaría* –dice Márquez.

Übung 6: Wie lautet das Gegenteil der folgenden Wörter? Tragen Sie die entsprechende Ziffer in die Kästchen ein!

1. ☐ saber   a) nervioso
2. ☐ negro   b) desagradable
3. ☐ sobrio   c) nada
4. ☐ calmado   d) ignorar
5. ☐ agradable   e) techo
6. ☐ todo   f) peor
7. ☐ suelo   g) blanco
8. ☐ mejor   h) borracho

A solas en la *comisaría*, Márquez interroga a Rubén:

–¿Cuándo viste por última vez a Sofía?

–No recuerdo, hace una semana o diez días –replica Rubén.

–Es *raro* que no te acuerdes –comenta Márquez–. ¿Qué hiciste este domingo?

–Estuve con mis amigos –contesta Rubén, en tono *desafiante*.

–¿A qué hora y dónde? –pregunta Márquez.
–Estuve con ellos todo el fin de semana. Estuvimos en Plasencia, fuimos a un concierto heavy. Ellos lo pueden confirmar.
–¿No supiste nada de Sofía en todo ese tiempo?
–¡No! ¡Yo no supe nada de ella! Me fui a ese concierto para no pensar en ella. No debí haber ido. Quizás si me hubiera quedado no hubiera pasado eso... –Rubén empieza a llorar.
Márquez comienza a tener dudas. No sabe qué más puede preguntar.
–Es suficiente. De momento te quedas en *comisaría*. Voy a llamar a tu padre...
–¿Por qué? ¡Yo no he hecho nada!
–Eso lo veremos. Tenemos que *comprobar* tu *coartada* –dice Márquez, y se marcha.

Lucía le espera fuera de la sala de *interrogatorios*. Márquez le cuenta lo que ha dicho Rubén: Él sigue creyendo que Rubén mató a Sofía.
–Yo no lo creo –opina Lucía.

Übung 7: Ordnen Sie den Fragen die passenden Antworten zu!

1. ☐ ¿Qué es "La Cripta"?   a) En Plasencia.
2. ☐ ¿Qué música le gusta a Rubén? b) Que Rubén es inocente.
3. ☐ ¿Cómo está Rubén?   c) Fue a un concierto con sus amigos.
4. ☐ ¿Qué hizo Rubén el fin   d) Un bar.
   de semana?
5. ☐ ¿Dónde fue el concierto?   e) Borracho.
6. ☐ ¿Qué piensa Lucía?   f) Que Rubén mató a Sofía.
7. ☐ ¿Qué piensa Márquez?   g) El heavy metal.

Capítulo 3: ¿Qué descubrió Sofía?

Al día siguiente, por la tarde, Márquez llama de nuevo a Lucía.

–Hola Lucía, soy Márquez. ¿Qué haces?

–¡Hola! Pues nada en especial. Volví de la universidad hace un *rato*. Estaba estudiando, aunque la verdad es que no dejo de pensar en el caso.

–Yo tampoco –dice Márquez–. Pero ése es mi trabajo.

Lucía ríe ante la respuesta de Márquez.

–¿Y tiene usted alguna nueva *pista*?

–Varias cosas –responde Márquez–. Creo que tenías razón, los amigos de Rubén *apoyan* su *coartada* y dicen que estuvieron con él en Plasencia. Su padre también dice lo mismo. No sé por dónde seguir, la verdad...

–Vaya, *parece* algo *desanimado* –dice Lucía–. Si quiere puedo *enseñarle* la ciudad. Quizás eso le *animará* un poco.

–Pues, no es mala idea. ¿Dónde nos encontramos?

–¿Sabe dónde está la Casa de las *Conchas*? –pregunta Lucía.

–La Casa de las *Conchas*... la verdad es que no –responde Márquez.

–¡Pero si es uno de los monumentos más famosos de Salamanca! Tiene que ir al centro y preguntar. Cualquier *salmantino* le dirá donde está.

–De acuerdo. ¿Cuándo nos vemos?

–Pues... en media hora. Le espero frente a la Casa de las *Conchas*.

Lucía tenía razón. Márquez pregunta por la Casa de las *Conchas* a una mujer que pasea con su perro y ésta le *indica* enseguida el mejor camino para llegar. La mujer se *sorprende* de que no lo sepa.

–¿No sabe dónde está? Vaya toda esa calle recto, y luego, cuando llegue al Palacio de Monterrey, gire a la izquierda.

Cuando Márquez llega, Lucía ya le está esperando.

–¿Qué le *parece* la casa? –pregunta Lucía.

–Ahora entiendo por qué se llama así –responde Márquez, mientras *admira* la *fachada* de la casa, *cubierta* por más de trescientas *conchas*.

–¿Por qué tiene tantas *conchas*? –pregunta Márquez–. ¿Era una *pescadería*?

Lucía ríe. No sabe si Márquez habla en *broma* o en serio.

–La *concha* era el *escudo* de los nobles que vivían en esta casa. Venga, le *enseñaré* el interior.

En el interior de la casa hay un gran patio.

–Esta casa se construyó en el siglo XVI. Por eso hay elementos del Renacimiento, como esas *columnas* de *mármol*, pero también *medievales*, como las *gárgolas* –dice Lucía, señalando hacia arriba. Márquez *observa* las *llamativas gárgolas*.

Lucía *enseña* a Márquez los monumentos más bellos de Salamanca: el Palacio de Monterrey, la universidad vieja, el Convento de San Esteban, la Catedral Vieja de estilo románico y la llamada Catedral Nueva de estilo gótico. Tras un largo paseo, llegan a la Plaza Mayor.

–¿Le apetece tomar un café en algún sitio de esos? –pregunta Lucía, señalando varias cafeterías en la plaza.

–Sí, es una buena idea –responde Márquez.

Übung 8: Welches Wort ist das „schwarze Schaf"?

1. palacio, casa, piso, cocina
2. enseño, miro, dijo, pregunto
3. río, avenida, paseo, calle
4. renacentista, gótico, monasterio, románico

5. nuevo, famoso, alrededor, antiguo

6. pez, pájaro, concha, serpiente

Mientras toman un café en la Plaza Mayor, Márquez comenta:

–Estoy pensando en el lugar donde fue encontrada Sofía, en la antigua universidad... ¿Cómo es posible que estuviera allí durante la noche?

–Es muy *raro* –dice Lucía–. Sofía era muy estudiosa, y le gustaba mucho investigar, sobre todo cosas relacionadas con la *Edad Media*.

–Entonces tenía que gustarle mucho Salamanca –comenta Márquez.

–En realidad, la mayoría de los edificios de Salamanca fueron construidos en el renacimiento.

–Vale, perdona, señorita *historiadora* –dice Márquez, algo irónico.

Lucía no contesta al comentario de Márquez y *continúa*:

–A Sofía le interesaba mucho la literatura *medieval*. En verano, en vez de irse a la playa como casi todo el mundo, estuvo en varios monasterios de Castilla y León, buscando *manuscritos medievales*.

–Vaya, eso sí que es amor al estudio –comenta Márquez–. ¡Qué manera de pasar las vacaciones!

! ÜBUNG 9

Übung 9: Lesen Sie weiter und unterstreichen Sie im folgenden Abschnitt jeweils das passende Wort!

–Era su *pasión* –dice Lucía–. Ahora (1.) olvido/recuerdo que, cuando la vi después del verano estaba muy (2.) *enfadada/contenta*. Me dijo que había descubierto algo muy importante en el Monasterio de San Martín de Frómista. Pero aunque yo estaba muy interesada, ella no me quiso decir qué era.

–¿Por qué? Tú eras su (3.) mejor/peor amiga, ¿no?

–Quizás pensaba que yo no podía entenderlo. Me dijo que quería hablar primero con el profesor Alonso.

–¡Ah, sí! Un hombre muy (4.) agradable/desagradable. Me ayudó mucho.

–Ya lo sé... –comenta Lucía con tono irónico.

–¿Por qué quería hablar con él?

–El profesor Alonso *enseña* literatura *medieval*. Sofía le *admiraba* y quería que fuera su *director de tesis.*

Márquez reflexiona un momento.

–Quizás debo hablar otra vez con el profesor Alonso y preguntarle cuál era el descubrimiento de Sofía, aunque no creo que *sirva* de mucho.

–Sí, pienso que debería llamarle –*apoya* Lucía.

Márquez saca su *móvil* y *marca* el número de Alonso.

–Sí, ¿diga?

–Buenas tardes, profesor Alonso. Soy el comisario Márquez.

El profesor Alonso se muestra *sorprendido*:

–¿Qué ocurre? ¿Me llama por lo de mi hijo?

–No, no se *preocupe*. Su hijo es (5.) inocente/culpable. Quería hablar con usted de otro *asunto*.

El profesor Alonso suspira y pregunta, algo irritado:

–¿Y de qué se trata (6.) ahora/luego? ¿En qué puedo *servirle*?

–Me gustaría hablar, por ejemplo, de la *tesis* que usted iba a dirigirle a Sofía.

–Ehhh... Yo no sé nada de eso... –responde Alonso–. Perdone señor comisario, pero eso es un *asunto* entre profesor y *alumna*... –Alonso se *interrumpe*.

A Márquez le *parece* algo extraña la respuesta.

–Si no le importa, me gustaría hablar con usted en persona. Además, estoy (7.) lejos/cerca de la universidad.

55

–Vaya, lo siento, porque yo no estoy en la universidad –responde Alonso–. Estoy en Valladolid. Tengo que *preparar* el próximo congreso de estudios *medievales* con unos colegas. Me *temo* que no regresaré a Salamanca hasta pasado mañana.

Márquez se siente algo *decepcionado*.

–De acuerdo. Entonces nos vemos dentro de dos días. ¿Le *parece* bien por la mañana, a las once?

–Sí, es perfecto. Hasta entonces –dice Alonso, y *cuelga*, sin esperar la respuesta de Márquez.

En cuanto Alonso termina de hablar, Lucía exclama de manera muy *decidida*:

–¡Tenemos que entrar en casa de Alonso!

–Tranquila, chica, ¿qué dices? –replica Márquez.

–¡Tenemos que ir ahora para encontrar las *pruebas*! –dice Lucía, cada vez más *nerviosa*.

A Márquez no le parece muy bien la idea.

–Oye, Lucía, eso no lo puedo hacer sin una *orden judicial*. ¿Por qué *acusas* a Alonso sin ningún motivo?

Lucía no contesta a la pregunta de Márquez sino dice, aún más fuerte:

–¡Si no vamos ahora, él va a volver a su casa y destruir las *pruebas*!

–Yo no sé si hay *pruebas* de algo. Lo que sé es que no puedo entrar en una casa privada sin una *orden judicial* –responde Márquez con calma.

Lucía está cada vez más *nerviosa*.

–¡Va a dejar que se *escape*! ¡Así no descubrirá quién mató a Sofía! –grita Lucía.

–Oye, ni siquiera sabemos si fue un *asesinato*.

–¡Déjeme en paz! –grita Lucía, que ahora está muy *enfadada*. Se levanta y se va, dejando a Márquez solo en la cafetería.

Übung 10: Suchen Sie im vorausgehenden Textabschnitt die Gegensätze der folgenden Wörter!

1. indecisa   *decidida*

2. tranquila

3. salir

4. guerra

5. construir

6. pública

7. acompañado

Capítulo 4: El misterio desvelado – ambición criminal

Márquez regresa a su hotel y reflexiona sobre el caso con la ayuda de un vaso de whisky. Piensa que, a pesar de todo, quizás Rubén mató a Sofía. Quizás sus amigos han mentido para ayudarle. En cuanto a la idea de Lucía, le *parece* absurdo sospechar de Alonso. ¿Qué puede llevar a un profesor de universidad al *asesinato* de una *alumna*? Márquez sigue pensando, pero sus pensamientos no le llevan a ninguna parte.

Mientras tanto, Lucía decide llamar a Rubén:

–Hola, Rubén. ¿Cómo estás?

–Hola. ¿Qué pasa? ¿Van a llevarme a la comisaría otra vez?

–No, Rubén, tranquilo. En realidad quiero pedirte perdón por lo que pasó ayer. Yo no sabía cómo era Márquez.

–¡Pues menos mal! ¡Es un hombre muy agresivo!

–Bueno, en *compensación*, quiero invitarte a cenar en una pizzería, si te apetece.

–No sé... bueno, quizás es una buena idea. ¿A qué hora quedamos?

–¿Te *parece* bien a las ocho y media? Es que mañana tengo que levantarme temprano.

–De acuerdo, ¿dónde nos encontramos?

–¿Conoces la "Pizzería Venezia"? Me han dicho que tienen unas pizzas muy ricas.

–Sí, estuve una vez con Sofía...

–Bueno, entonces, si quieres vamos a otro sitio.

–No, está bien, vamos allí.

A las ocho y media, Lucía llega a la "Pizzería Venezia". Rubén está ya esperando, muy *puntual*. Se sientan en una mesa fuera. Aunque es ya octubre no hace frío aún. Muy pronto viene una camarera que les da la carta y ellos eligen su pizza.

–¿Qué pizza te gusta a ti? –pregunta Rubén–. A mí esta pizza hawaiana con *piña* me *parece* que tiene muy buen *aspecto*.

–Sí, tienes razón... –responde Lucía–. Pero ésta con *anchoas* y *aceitunas* negras tampoco está mal.

–A mí no me gustan las *anchoas*, así que yo pido la hawaiana y tú la de *anchoas* –propone Rubén.

–No sé... –duda Lucía–. Yo no tengo tanta hambre... ¿No podemos pedir una pizza para los dos?

–Como quieras. ¿Qué te *parece* esta pizza con salami, jamón, bacon y extra de queso?

–Mmm... el bacon no me gusta mucho –dice Lucía.

–¿Y ésta con *atún* y *aceitunas* negras?

–Me gustan más las *anchoas*. ¡Pero mira esta oferta! Puedes elegir los *ingredientes* y hacer tu propia pizza. Podemos pedirla con *piña*, que te gusta a ti, y con *anchoas*, ¿vale?

–Vale. Yo también quiero jamón y *pimientos picantes* –dice Rubén.

–Espera. ¡Oye! ¿Puedes venir? –Lucía llama a la camarera que está limpiando las mesas.

–Sí, enseguida –responde la camarera, y llega en un momento– ¿Qué queréis tomar?

–Una pizza con *anchoas*, *piña*, jamón y *pimientos picantes*, por favor –dice Lucía.

–Muy bien. Tarda unos diez minutos –responde la camarera– ¿Queréis algo para beber?

–Sí, una coca-cola –pide Lucía.

–Para mí una cerveza... –dice Rubén, pero luego ve el *gesto enfadado* de Lucía y cambia de opinión–. No, mejor una fanta de naranja.

Mientras esperan la pizza, Lucía hace preguntas a Rubén:

–Oye, Rubén, ¿qué tal te van los estudios?

Rubén pone mala cara:

–Pues mal, ya sabes que estoy en la universidad porque mi padre quiere que tenga una *carrera*, pero yo quiero trabajar, no me gusta estudiar.

Lucía sabe, porque se lo contó Sofía, que la madre de Rubén *murió* algunos años antes, y que Rubén no se lleva bien con su padre, a quien *acusa* de no haber querido a su madre.

–Tiene que ser difícil tener un padre profesor cuando a uno no le gusta estudiar, ¿verdad?

–Sí, y más cuando te *comparan* con alguien, y además...

–Además ¿qué?

–Bueno, no sé si sabes que mi padre *apreciaba* mucho a Sofía como estudiante...

En ese momento llega la camarera con una bandeja en la que lleva una gran pizza humeante.

–Mmmm... ¡Qué bien *huele*! –comenta Rubén.

ÜBUNG 11

Übung 11: In diesem Gitternetz sind acht mögliche Zutaten für eine Pizza versteckt. Welche sind es? Schreiben Sie auf!

A	C	E	I	T	U	N	A
T	B	A	C	O	N	I	N
U	A	J	A	M	O	N	C
N	S	A	L	A	M	I	H
H	I	X	S	T	E	D	O
U	Q	Q	U	E	S	O	A

_____

_____

_____

Rubén parte la pizza y cada uno coge una porción.

–¿De qué estábamos hablando? –pregunta Rubén. Se me ha olvidado con la pizza...

–Decías que tu padre *apreciaba* mucho a Sofía –responde Lucía.

–¡Ah, sí! La *apreciaba* mucho, porque a ella también le gustaban mucho los papeles antiguos, la historia, y todo eso. Era una *empollona*.

–Yo lo sé bien. Sofía *apreciaba* mucho a tu padre también. Quería que él le dirigiera su *tesis*.

–Eso no lo sabía, pero lo *suponía*. Cuando venía a casa, hablaba más con mi padre que conmigo.

–¿Ah, sí? ¿Y qué te *parecía* a ti, siendo su novio?

–Pues mal, *parecía* que a Sofía le resultaba más interesante mi padre que yo... y luego él me *comparaba* con Sofía, me decía,

"¿por qué no eres como ella, responsable y trabajador, y no un *pasota*?"

Lucía piensa que un padre no debe hablar así a su hijo, pero no dice nada.

–Los últimos días que vi a Sofía, ella estaba siempre en el *despacho* de mi padre. Yo *suponía* que hablaban de literatura *medieval*, pero me ponía *nervioso* que pasara tanto tiempo con él. Estaba *celoso* de mi padre, eso me iba a volver loco.

–¿Le dijiste algo a Sofía de eso?

–Sí, claro. Tuvimos una discusión muy fuerte sobre el tema, y *rompimos*.

–Y después de eso, ¿Sofía volvió a tu casa?

–No, aunque mi padre se puso furioso cuando supo que yo había cortado con Sofía. Me dijo que Sofía iba a seguir viniendo a casa porque estaban trabajando en algo muy importante. Yo no sé de qué se trataba, pero mi padre estaba muy *nervioso*. Se pasaba el día en el *despacho* y cuando salía casi siempre se *enfadaba* conmigo sin motivo.

–Oye, Rubén, he pensado que podemos ir a tu casa –le *interrumpe* Lucía.

–¿A mi casa? –pregunta Rubén *sorprendido*–. ¿Para qué?

–Creo que podemos *echar un vistazo* al *despacho* de tu padre, a sus papeles, para saber qué estaba investigando con Sofía.

Rubén se queda un momento callado, y mira a Lucía fijamente.

–Oye... –comienza a hablar con la voz temblorosa–. ¿Qué estás pensando? ¡Mi padre no tiene nada que ver con lo que le pasó a Sofía! ¡Él está muy triste por eso, como yo! ¡Tú estás *compinchada* con Márquez! –grita, y se levanta para irse.

Lucía le sujeta el brazo:

–¡Espera! Lo que te he dicho es la verdad. Yo no estoy *compinchada* con Márquez y te lo voy a *demostrar*.

–¿Ah, sí? ¿Cómo? –pregunta Rubén, escéptico.

–Escúchame –dice Lucía–. Márquez me dijo que pensaba entrar en vuestra casa y registrar el *despacho* de Alonso.

–¿Cómo? –pregunta Rubén, *asustado*–. ¿Cuándo va a hacer eso?

–Quizás mañana, o quizás esta noche –dice Lucía–. Creo que es mejor que nosotros vayamos antes.

Rubén se lo piensa.

–Si es así, vamos ahora mismo.

–Perfecto –dice Lucía, satisfecha.

Cuando llegan a casa de Rubén, hay un silencio absoluto. Alonso no está, quizás se ha ido realmente a Valladolid, aunque Lucía piensa que era una *excusa* para no hablar con Márquez.

!

ÜBUNG 12

Übung 12: Lesen Sie weiter und setzen Sie die Wörter in Klammern in die passende Lücke ein!
(ordenador, puerta, libros y cuadros, casa, despacho, mesa, armarios, cama, escritorio)

La (1.) _____ es grande, con muchos (2.) _____

repletos de (3.) _____.

–Ven, el (4.) _____ es por aquí –le *indica* Rubén.

Lucía le sigue. Rubén *empuja* una (5.) _____ y entran

en un amplio *despacho* con un gran (6.) _____ lleno de

papeles, una (7.) _____ con un (8.) _____, un

armario y una (9.) _____.

–¿Por qué está esa cama ahí? –pregunta Lucía.
Rubén tarda un poco en contestar, luego dice:
–Desde que mi madre *murió*, mi padre usa su *despacho* también como dormitorio. Si no tiene clases, a veces no sale en todo el día de aquí.
–Está todo muy bien *ordenado* –comenta Lucía con admiración.
–Sí –dice Rubén–. Mi habitación es muy diferente.
Lucía mira las estanterías, con libros por todas partes. Algunos *parecen* muy antiguos.
–Oye –dice Rubén–. ¿Qué estamos buscando exactamente?
Lucía se *sorprende* por la pregunta pero, en realidad, no sabe qué responder. "*Pruebas*", piensa ella. "Pero, ¿qué clase de *pruebas*?" Entonces piensa que le gustaría que Márquez estuviera allí para ayudarle.
–No sé exactamente –dice por fin–. Algo que no sea normal...
–A mí aquí todo me *parece* normal en el *despacho* de un profesor: libros, fotocopias, papeles...
Lucía tiene una idea:
–Oye, Rubén, ¿por qué no miramos en el *ordenador*?
Rubén piensa un momento.
–Creo que no es posible. Mi padre tiene puesta una *clave*.
Lucía se siente *decepcionada*, tanto *esfuerzo* para nada... pero mira fijamente a Rubén y le *parece* que éste no ha dicho la verdad.
–Pues es una *lástima*. Además, Márquez no tendrá ningún problema para ver lo que hay en el *ordenador*.
–¿Cómo? –pregunta alarmado Rubén.
–La policía tiene programas especiales para descifrar las *claves*.
–¿Ah, sí? ¿Cómo sabes tú eso? –pregunta Rubén, escéptico.
–Me lo dijo mi amigo Márquez –contesta Lucía.
Rubén se queda callado. Luego dice:
–Lucía, la verdad es que sí sé la *clave* del *ordenador*.

63

–¿Ah, sí? ¿Y por qué me mentiste?

–Lo siento, no me gusta buscar así en las cosas de mi padre, pero si Márquez piensa hacerlo...

Rubén escribe la *clave* de *acceso*. Comienza a abrir *carpetas*.

–*Parece* que lo conoces bien –comenta Lucía.

–Sí... –Rubén sonríe.

–¿Qué pasa? –pregunta Lucía.

–Sabes, antes, cuando necesitaba dinero, entraba en el *ordenador* e *imprimía* los exámenes que iba a poner mi padre. Luego los vendía a sus *alumnos* y me ganaba así un dinero.

Lucía abre los ojos muy *sorprendida*.

–¡Vaya delincuente!

Rubén se ríe:

–No exageres. De todos modos la gente tenía que estudiar para aprobar los exámenes.

Lucía mira *enfadada* a Rubén. Pero lo que en realidad le interesa ahora son los documentos del profesor Alonso.

–Ah, mira esta *carpeta*. Pone "Literatura *Medieval*. Últimos descubrimientos". A ver, *pincha* allí.

Rubén hace "clic" sobre la *carpeta* y *aparecen* varios *archivos*.

Lucía se fija en un *archivo* con el título "Frómista".

–¡Mira ése, donde pone "Frómista"! ¡*Pincha* allí!

Rubén se *sorprende*:

–¿Por qué? ¿Qué ocurre con "Frómista"? ¿Quién es ése?

Lucía sonríe.

–Es el monasterio donde estuvo Sofía este verano, ¿no te lo dijo?

–Quizás yo lo olvidé –responde Rubén con tristeza.

–*Pincha* a ver qué hay.

–Oye, el *archivo* éste no se abre. Tiene una *clave* de *acceso*. Y ésta no la sé, de verdad.

–Vamos a probar... ¿Me dejas?

–Todo tuyo –dice Rubén, y se levanta de la silla. Lucía se sienta en su lugar y empieza a probar *claves*.

–¿Cuál es la fecha de nacimiento de tu padre?

–1 de marzo de 1953.

Lucía prueba con esas cifras, pero no funciona. Luego lo intenta con los nombres y apellidos de Alonso, con nombres de ciudad, con números... Lucía se *desespera*. *De repente*, tiene una idea que *parece* demasiado simple para ser verdad. Escribe "SOFÍA" y el *archivo* se abre. Son documentos antiguos pasados por el *escáner* y, junto a ellos, hojas de papel con apuntes escritos con una letra muy pequeña.

–¡Es la letra de Sofía! –exclama Lucía.

Lucía lee con mucha atención los documentos. Rubén no dice nada porque no quiere molestar a Lucía.

–Mira Rubén, esto tiene que ser la solución del misterio, –dice Lucía después de un *rato*–. ¡Sofía había encontrado al autor del "Libro del *Unicornio*"!

–¿El libro del qué? –pregunta Rubén, extrañado.

–Pues de un libro *medieval* famoso, hasta ahora de escritor anónimo. Tu padre tiene que haberse alegrado mucho, es un descubrimiento muy importante.

De repente oyen el ruido de una *cerradura* en la puerta de entrada de la casa.

–¡Mi padre! ¡Apaga el *ordenador*, rápido! –dice Rubén.

–¿Pero no estaba de viaje? –pregunta Lucía, muy *nerviosa*.

Los dos se miran *asustados*.

–¡*Parece* que no! –responde Rubén.

–¿Qué pasa ahora? –dice Lucía.

El *ordenador* se ha bloqueado y no puede apagarlo.

–¡No es posible, no se puede apagar!

–No importa, escóndete allí, en el armario –le dice Rubén.

Übung 13: Unterstreichen Sie im folgenden Abschnitt die fünf Verben, die sich auf Lucías Handlungen beziehen!

Lucía se esconde rápidamente en el armario ropero y cierra la puerta. Desde dentro del armario escribe un mensaje de *móvil* para Márquez: "Estoy en casa de Alonso. Calle Álamos, 5. Venga pronto, antes de que sea demasiado tarde". Lo envía. "Espero que Márquez tenga el *móvil* cerca", piensa.

Alonso llega a su *despacho*. Rubén está sentado frente al *ordenador*, que sigue encendido.

–¿Qué haces ahí? –le pregunta Alonso en tono *enfadado*.

–Estaba viendo cosas en internet.

–¿En internet? –pregunta Alonso, que se fija en el *archivo* que aún sigue abierto y mira *asombrado* a su hijo–. ¿Cómo has abierto ese *archivo*? ¿Qué haces mirando cosas que no te importan?

–¡Me importan más de lo que tú crees! –grita Rubén, y se echa a llorar. Alonso se *sorprende*. Nunca ha visto a su hijo así.

–Oye, Rubén, tranquilo. ¿Qué pasa? –pregunta Alonso, *preocupado*. En ese momento suena el timbre de la casa.

–¿Pero quién puede ser a estas horas?

Alonso va a la puerta. Mira por la *mirilla*. Es Márquez. Resignado, abre la puerta.

–Buenas noches, señor Márquez.

–Buenas, señor Alonso. *Al fin* puedo hablar con usted. ¿No estaba usted en Valladolid?

–Sí, pero he vuelto antes de lo que esperaba. Arreglé lo más importante y me vine. Así puede usted ganar tiempo y dedicarse a partir de mañana a otras cosas.

–Eso espero. Yo simplemente le voy a hacer algunas preguntas sobre su relación con Sofía.

–Está bien. Pase.

Márquez entra en la casa.

–Puede dejar su abrigo ahí –dice Alonso, y señala una percha.

–¿Quiere algo de beber?

–No, gracias –responde Márquez.

–Está bien –dice Alonso–. ¿Y qué quiere saber ahora?

–¿Por qué no me dijo que Sofía pensaba trabajar con usted en un proyecto?

–Bueno, le dije que era una estudiante brillante a la que yo *apreciaba* mucho. No pensé que le interesaran a usted los *asuntos* académicos.

–Me interesan más de lo que usted piensa. ¿De qué trataba exactamente el proyecto?

–Era una edición científica del "Libro del *Unicornio*", un *manuscrito medieval* muy interesante.

–¿Y cuál era la función de Sofía en ese proyecto?

–Bueno, ya sabe como funcionan estas cosas, hay siempre mucho que corregir, *comprobar*, *revisar*... Ella era muy eficiente y me ayudaba mucho. Créame que lamento sinceramente su muerte.

–¿Qué hizo usted el domingo pasado? –pregunta Márquez.

–Estuve en casa todo el día. Sólo salí a comprar el periódico por la mañana.

–¿Es eso cierto? –pregunta Márquez a Rubén, que lo *observa* todo sin decir nada.

–Ya le dije que yo estaba en Plasencia con mis amigos. Volví por la noche a Salamanca y mi padre estaba en casa –responde Rubén.

Mientras Márquez interroga a Alonso, Lucía *escucha* desde dentro del armario. La *manga* de una chaqueta le *roza* la cara, lo que la *distrae*. Se fija un momento y la enfoca con la luz de su *móvil*.

67

La chaqueta está rota y en una de sus *mangas* tiene manchas... de sangre. Lucía da un grito.

–¿Quién está ahí? –pregunta Alonso, alarmado.

Entonces se abre la puerta del armario y sale Lucía, llevando en la mano la chaqueta.

–Soy yo, señor Alonso.

Alonso, cuando ve que ya no puede mentir más, lanza un *puñetazo* a Márquez y lo *noquea* en el acto. Lucía, en cambio, sabe *artes marciales*. Alonso intenta *golpearla* pero ella evita su *puñetazo* y lo *derriba* mediante una *llave de judo*. Rubén mira *asombrado*, sin saber a quién ayudar. Alonso se levanta *dispuesto* a lanzarse contra Lucía de nuevo, pero Márquez ya se ha *recuperado* y le *apunta* con su pistola.

–Quieto ahí, Alonso. Levante las manos.

Alonso *obedece*, y Márquez le coloca las *esposas*.

–Si esas manchas de sangre son de Sofía, no le va a ayudar seguir con sus mentiras. Así que será mejor que cuente toda la verdad.

–De acuerdo –responde Alonso, *agotado*–. Pero, por favor, no en presencia de mi hijo.

–Rubén, sal del *despacho*, por favor.

–Yo le *acompaño* –dice Lucía–. Vamos, Rubén.

Rubén y Lucía salen del *despacho*. Rubén *contiene* las lágrimas.

Ya *a solas*, Márquez *continúa* interrogando a Alonso:

–Cuéntelo todo, es lo mejor.

–Bueno. Mentir ya no me *sirve de nada*. Sofía me dijo que había descubierto la identidad del autor del "Libro del *Unicornio*". Yo llevaba investigando varios años sobre el tema. Ese descubrimiento me habría hecho famoso. Le pedí que me dejara ver sus documentos, pero ella no quiso.

–¿Y qué hizo usted entonces?

–Quedé con ella en la antigua facultad un domingo. Yo tengo las llaves, puedo entrar cuando quiera. Le dije a Sofía que se trajera los documentos, que yo firmaría una declaración diciendo que el descubrimiento era suyo, pero que luego quería verlos. Ella estaba de acuerdo.

–¿Firmó usted ese documento?

–Por supuesto que no. Intenté convencerla otra vez. Discutimos, finalmente ella quiso irse. Yo le dije que la *acompañaría* a la puerta, y le quité su *carpeta* de un tirón. Ella me *rompió* la chaqueta y tomó su *carpeta*. Entonces yo, furioso, la *empujé* y ella cayó por la escalera... Se *rompió* la cabeza. Cuando bajé estaba *muerta*... *Recogí* sus documentos, manchándome de sangre la chaqueta...

–¿Y cree usted que valía la pena acabar con la vida de esa chica sólo para hacerse famoso en el mundo académico? –pregunta Márquez con *severidad*.

–Lo peor es que ella no descubrió al autor del "Libro del *Unicornio*". Quien ella pensaba que era el autor era sólo un *copista*. Ya lo *comprobé*... –dice Alonso, y *rompe* a llorar.

Márquez no sabe si Alonso llora porque se arrepiente de su crimen o porque no va a ser famoso como él pensaba. Prefiere no preguntarse por los motivos de su *llanto*. En lugar de eso, llama a la *comisaría* de policía para que vengan a llevarse a Alonso.

Una *furgoneta* de policía se lleva a Alonso, *detenido*, a la *comisaría*. Le *acompaña* Rubén, que no sabe cómo podrá mirar a su padre a partir de ahora. Junto a la casa de Alonso quedan Márquez y Lucía.

–Creo, Lucía, que deberíamos ir a tomar algo para celebrar la aparición de una nueva detective...

Lucía sonríe.

–De acuerdo. Si usted me invita...

–Eso está hecho. Es lo menos que puedo hacer por ti.

Übung 14: Lesen Sie weiter und setzen Sie die Wörter in Klammern in die passende Lücke!
(padre, Lucía, Rubén, madre, Carlos, novia)

Márquez y (1.) _____ caminan en busca de algún buen bar en Salamanca para celebrar la solución del caso. Sin embargo, ambos están algo tristes. Márquez piensa en su amigo (2.) _____, al que tendrá que ver antes de regresar a Madrid. Lucía piensa en (3.) _____ y siente *lástima* por él. Debe ser muy duro, después de perder a su (4.) _____ y a su (5.) _____, dejar de ver a su (6.) _____, que seguramente será encarcelado.

Lucía se *da cuenta* de que ahora que conoce mejor a Rubén, comienza a sentir afecto por él. Le gustaría *acompañarle* y *consolarle* en estos momentos tan duros. Decide que lo llamará al día siguiente.

EL CASO DE LA MARQUESA
Yolanda García Hernández

Capítulo 1: Cumplir un sueño

Sybille y Marianne son buenas amigas. Se conocieron en la escuela de idiomas donde aprenden español. Las chicas estudian juntas en la universidad de Saarbrücken. Son dos enamoradas del idioma y la cultura española y su sueño es viajar a España. Sybille ya conoce Mallorca, de niña viajó varias veces a la isla con sus padres. Los padres de Marianne prefieren pasar las vacaciones en las islas Canarias, pero las amigas quieren conocer la *península ibérica*.
El novio de Sybille se llama Antonio y es español, estudia en la universidad con una *beca* Erasmus.

Übung 1: Lesen Sie weiter und unterstreichen Sie im folgenden Abschnitt alle 17 Verben im Präsens!

Sybille llora cuando le cuenta a Marianne:
–Me ha *abandonado*.
–¿Quién? –quiere saber Marianne.
–Antonio –responde Sybille.
–No lo entiendo. Todo iba muy bien entre vosotros –dice Marianne *preocupada*.
–Le he visto con otra –llora Sybille–, hace unos días Antonio me invitó a ir con él a conocer a su familia, ya tengo el billete de avión. ¿Qué hago ahora?
–Sólo tienes una solución. ¡Hacer el viaje! –intenta animar Marianne a su amiga Sybille.

ÜBUNG 1 !

–¿Estás loca? –dice Sybille.

Durante días Marianne es el *pañuelo de lágrimas* de su amiga.

"Esto no puede seguir así", piensa Marianne, "debo hacer algo".

Un sábado por la noche Marianne trabaja con el *ordenador*. Necesita ver unos *datos* en internet. La chica se fija en el *anuncio* de una *compañía aérea*.

"¿Cómo no lo he pensado antes?", se pregunta. "Ya sé como Sybille puede olvidar a Antonio. Es por su bien".

Marianne llama por teléfono a su amiga para quedar con ella y darle la noticia:

–Es hora de cumplir nuestro sueño –dice Marianne.

–¿Nuestro sueño? –repite Sybille.

–Sí, nos vamos a España –anuncia Marianne–. Esta *Semana Santa* la pasamos en Sevilla. Lo tengo todo planeado. Tú ya tienes un billete de avión, ¿no es cierto? Pues lo cambias con destino a Sevilla –*continúa* entusiasmada Marianne–. En Sevilla dormimos en el hotel "Miraflores", es un hotel *sencillo* en el centro de la ciudad. Lo encontré en internet.

–¿Por qué te *preocupas* tanto? –quiere saber Sybille.

–Por egoísmo –responde Marianne.

–¿Egoísmo? –repite *sorprendida* Sybille.

–Sí, estoy cansada de verte llorar por Antonio. Un viaje te hará olvidarlo.

–¡*Eres un sol*! –dice Sybille y le da un beso a su amiga.

El domingo por la mañana las chicas se reúnen para desayunar. Marianne lleva un libro.

–¿Qué lees? –se interesa Sybille.

–Es una *guía* turística sobre Sevilla –explica Marianne–. Recomienda lo más interesante para visitar y describe cómo son sus gentes.

La muchacha comienza a leer en voz alta:

–Los andaluces son muy abiertos y alegres. Son conocidos por ser los más simpáticos del país. En Andalucía los habitantes hablan con un *marcado* acento andaluz.

–¿Cómo es el acento? –se interesa Sybille.

–Hablan muy deprisa, no pronuncian la letra "s" al final de las palabras, y en algunos lugares cambian la "c" por la "s".

–¡Qué complicado! –exclama Sybille–. Espero entender a los sevillanos.

–Estoy encantada de poder ir a ver los *desfiles* de *Semana Santa*. ¡He oído hablar mucho de ellos! –dice Marianne, *contenta*.

Las chicas *disfrutan* del desayuno. Hablan de su viaje todo el tiempo e imaginan como será su estancia en Sevilla.

Capítulo 2: Vuelo 545 con destino a Sevilla

Por fin llega el día en que las chicas toman el vuelo a Sevilla. Se encuentran muy temprano en la estación de trenes de Saarbrücken. Marianne sonríe cuando ve *aparecer* a su amiga con una maleta bastante grande. Marianne es muy práctica, viaja sólo con lo necesario.

Übung 2: Lesen Sie weiter und setzen Sie die Verben in Klammern in die korrekte Präsensform!

–¡Uf! –(1. soplar) _____ Sybille– ¡Cómo (2. pesar) _____ esta maleta!

–¿Qué diablos (3. llevar) _____ ahí? –(4. querer) _____ saber Marianne.

–No podía decidirme, así que he metido casi toda mi ropa –(5. explicar) _____ Sybille.

Las chicas llegan al aeropuerto. Una voz anuncia la salida del vuelo con destino a Sevilla.

Después de poco más de tres horas de vuelo, el avión *aterriza* en el aeropuerto de destino.

Las chicas están felices. Cuando bajan del avión les *sorprende* un cielo azul y una temperatura agradable.

Las chicas van a la parada de taxis, donde un taxista muy amable les ayuda a subir las maletas en el *maletero*. El taxista mira a Sybille con cara de sorpresa.

El taxi llega al hotel. Cuando las chicas preguntan cuánto tienen que pagar, el taxista no quiere cobrar el viaje. Las jóvenes se *sorprenden*.

–Una personalidad como usted –dice el taxista mientras mira a Sybille– no sube todos los días a mi taxi.

Las chicas no entienden nada. "La *guía* de viajes tiene razón: los andaluces son muy amables", piensa Sybille. Las muchachas dan las gracias.

En la recepción del hotel hay varios clientes, una mujer mira a Sybille y comenta algo al hombre que la *acompaña*. Ambos sonríen a la joven y Sybille les devuelve la sonrisa. Las chicas muestran al recepcionista su reserva. El recepcionista abre mucho los ojos al ver a Sybille.

–¿Pueden esperar un momento? –les pregunta mientras desaparece por una puerta. Las chicas se miran *nerviosas*.

–Quizás nuestra agencia de viajes no ha hecho la reserva –comenta Sybille *preocupada*.

–No digas eso –dice Marianne algo *nerviosa*.

–No te *preocupes*. Seguro que el recepcionista ha llamado al director para darnos una solución –*tranquiliza* Sybille a su amiga.

Una señora atractiva, vestida con un vestido elegante, se *acerca* a las muchachas.

–Buenos días –saluda–. Soy la señora Marrero, directora del hotel "Miraflores". Es un *honor* tenerlas en nuestra casa, pero creo que esto es un error.

Las chicas ponen cara de sorpresa. Su viaje a Sevilla no tiene buen comienzo. La directora *continúa*:

–Nuestro hotel no puede *cubrir* las necesidades de una persona de su categoría –dice al mirar a Sybille–. He hablado con el director del hotel "Reyes Católicos", el mejor hotel de la ciudad. Me comunica que las espera a usted y a su compañera.

–Pero... –empieza a decir Marianne. Sybille le da un *golpe* a su amiga.

–Déjala hablar –le dice en voz baja.

–No tienen que *preocuparse* por nada. Tenemos un coche en la puerta esperándolas –termina la directora.

La señora Marrero *acompaña* a las chicas hasta la puerta del hotel. Un Mercedes negro está aparcado delante de la puerta.

–Siento las molestias –se disculpa la directora del hotel "Miraflores".

Übung 3: Unterstreichen Sie die richtige Variante!

El (1.) conductor/copilota del coche les (2.) cierra/abre la puerta y las chicas (3.) entran/salen.

Durante el camino Sybille dice en voz (4.) alta/baja:

–Está (5.) inseguro/claro que me *confunden* con alguien.

–¡Qué inteligente! –comenta (6.) seriamente/irónicamente Marianne–. Tenemos que (7.) ocultar/aclarar esta *confusión*.

–¿Estás loca? –dice Sybille–. Desde que me han *confundido* con otra persona todo va a mejor para nosotras: no hemos pagado el taxi, la directora del hotel "Miraflores" nos pone un coche a nuestra disposición, nos llevan a un hotel mejor. ¿Qué es lo que quieres explicar? Nosotras seguimos el juego.

–Esto nos va a *salir caro* –comenta Marianne.

–Sonríe y *disfruta* –dice Sybille–. Esto es mejor que cualquiera de nuestros mejores sueños.

–Sabemos que piensan que eres otra persona –dice Marianne a su amiga–. ¿Has olvidado que somos alemanas? Se *darán cuenta*.

Sybille se pone pensativa. Al poco tiempo dice:

–¡Ya lo tengo! –y continúa en voz baja–, vas a decir que tengo *dolor de garganta* y que no puedo hablar. Si tú hablas con acento extranjero no importará. Nadie tiene que saber la verdad.

–Hemos llegado –anuncia el conductor a las jóvenes al parar el coche.

Sybille espera a que el chófer le abra la puerta. Marianne abre la puerta más cercana a ella y se baja.

Un señor *de mediana edad* vestido con un elegante traje chaqueta azul marino se *acerca* a saludar a las chicas.

–Es un placer tenerlas en nuestro hotel –dice el señor mientras besa la mano de Sybille–. Soy Santiago Delgado, director del hotel "Reyes Católicos". Mi colega, la directora del hotel Miraflores, me ha llamado para contarme el error.

Esta vez Marianne da un *codazo* a Sybille:

–Te lo dije, nos han descubierto. Lo sabía.

–Lo siento –se disculpa el director–, no entiendo lo que ha pasado. La *nobleza* siempre viene a nuestro hotel.

Los tres entran a la recepción del hotel.

–Si les *parece* bien –dice Santiago–, las *acompaño* a la habitación.

–¿No necesitan nuestros nombres? –pregunta *sorprendida* Marianne.

–No se *preocupen*. Todos conocemos el nombre de la señora marquesa –dice el director y se disculpa para ir a buscar las llaves de la habitación.

Sybille y Marianne se miran.

–¿Marquesa? –repite Marianne en voz baja, mirando a su amiga.

–O sea –aclara Sybille–, que todos piensan que soy una conocida marquesa.

–Nos descubrirán antes o después –dice *inquieta* Marianne.

–Cálmate –le contesta la otra–. Nosotras no mentimos, simplemente no decimos toda la verdad.

Pasados pocos minutos Santiago vuelve junto a las chicas.

–Imagino que vienen a conocer la famosa *Semana Santa* de Sevilla.

–También queremos conocer la ciudad –*añade* Marianne.

–Eso no es ningún problema –asegura Santiago–. Tenemos un *guía* turístico para ustedes.

–No es necesario, ya tenemos una *guía* turística –dice Marianne mientras busca el libro en su bolso.

–Entiendo –dice el director del hotel–, usted ya ha contratado una.

Sybille *afirma* con la cabeza para no tener que hablar. El director las *acompaña* hasta uno de los ascensores.

–Hemos llegado –anuncia el director cuando llegan al cuarto piso.

Caminan por un pasillo largo que está *cubierto* de alfombras cómodas. El director Santiago Delgado vuelve a disculparse cuando llegan ante la puerta de una habitación.

–Siento no poder darles la suite real. Todo ha sido tan rápido... la suite real está ocupada por un *jeque* árabe y su esposa.

–¡Oh! –lamenta Sybille con cara de pena.

–Espero que en la suite junior se sientan cómodas. Es muy confortable –explica Santiago.

Sybille sonríe mientras deja hablar a Marianne:

–Por supuesto que vamos a estar bien.

–¿Entramos? –invita el director a las chicas mientras abre la puerta de la suite.

Übung 4: Ordnen Sie die Sätze zu einem sinnvollen Dialog!

☐ a) Muchas gracias y adiós.

☐ b) De acuerdo. Llámenos cuando quiera.

☐ c) El precio son 100 euros, desayuno incluido.

☐ d) Hola. Quiero reservar una habitación. ¿Cuánto cuesta?

☐ e) Es un poco caro. Me lo voy a pensar.

–La suite –les explica el director– tiene 85 metros cuadrados, un salón, dos dormitorios y dos cuartos de baño.

Las paredes están *forradas* con sedas de Damasco. La cama del dormitorio principal es de amplias medidas. Las habitaciones tienen una televisión muy moderna, DVD y radio.

–Quiero *enseñarles* el cuarto de baño principal –dice orgulloso Santiago–. Nuestros invitados deben sentirse cómodos entre nosotros.

Santiago abre la puerta del cuarto de baño. Las chicas quedan encantadas con lo que ven. En el *lujoso* cuarto de baño *destaca* una gran bañera de *mármol* situada en el centro.

–¡Si caben dos personas! –exclama Sybille.

El director se vuelve a mirarla. Las chicas se *dan cuenta* del error. Marianne pone cara de *avergonzada* mientras dice:

–Lo siento, al contrario que la marquesa, no estoy acostumbrada al *lujo*.

Santiago pone cara de *comprensión*.

–Les deseo una estancia agradable en nuestro hotel –dice Santiago al *despedirse*.

Cuando el director sale de la suite, las chicas dan un grito de alegría.

–¿Ves, Marianne? Todo está saliendo bien –se alegra Sybille.

–Tal vez tienes razón –responde la amiga–, y es mejor *disfrutar* del sueño mientras dura.

–¿Qué te *parece* si vamos a dar un paseo por la ciudad? –pregunta Sybille.

Cuando salen de la suite el personal del hotel las saluda con una sonrisa amable.

Marianne saca su *guía* y empieza a leer en voz alta:

–La ciudad tiene influencias de *romanos* y *musulmanes*. El río Guadalquivir cruza la ciudad. El río era el lugar de partida y llegada de los barcos con destino al Nuevo Mundo. La Torre del Oro está situada al lado del río, se usaba para controlar las entradas al puerto de Sevilla.

–¿Torre del Oro? –pregunta Sybille–. ¡Qué nombre más *raro*!

–La llaman "Torre del Oro" –explica Marianne–, porque estaba *cubierta* de *azulejos* dorados.

Las chicas se dirigen a ver la Giralda. Marianne abre el libro y sigue la lectura:

–La Giralda era un antiguo *minarete* árabe. Hoy en día es torre y *campanario* de la catedral de Sevilla.

–¡Es preciosa! –exclama Sybille–. Vamos a entrar a verla.

Durante el paseo por la ciudad, más personas *confunden* a Sybille con la marquesa. Sybille empieza a creer que su *nobleza* es *auténtica*.

ÜBUNG 5

! *Übung 5: Beantworten Sie die folgenden Fragen zum Text!*

1. ¿Por qué se conoce a la Torre del Oro con ese nombre?

_____

2. ¿Qué influencias culturales tiene la ciudad de Sevilla?

_____

3. ¿Qué río cruza Sevilla?

_____

4. ¿Qué continente se conoce como el Nuevo Mundo?

_____

5. ¿Cómo se llama el campanario de la catedral de Sevilla?

_____

–Tengo hambre –anuncia Marianne a su amiga–. ¿Qué te *parece* si vamos a comer algo?

–Podemos ir al restaurante "El Gitano". He leído en la *guía* que es el más caro de la ciudad –dice Sybille.

–¿Y cómo lo vamos a pagar? –pregunta Marianne.

–Ya sabes, la marquesa no paga nunca –responde Sybille.

–Qué *graciosa* eres –ríe Marianne y continúa con voz seria–, por cierto, creo que ese chico nos sigue. Le he *observado* y, desde hace unas horas, no se separa de nosotras.

–¿Será un fan de la marquesa? –se interesa Sybille.

–Eso, será un *admirador*. ¿Por qué no le das un autógrafo? *–bromea* Marianne.

Las chicas se deciden finalmente por un local *sencillo* para ir a comer. El camarero no tarda en reconocer a la "marquesa" y saluda a las dos chicas.

–Les aseguro que van a salir muy *contentas* y con los estómagos llenos.

–¡Uf!, ya no puedo más –dice Marianne después de una comida rica.

–El camarero tenía razón *–afirma* Sybille.

–¡Invita la casa! –dice el camarero cuando las chicas piden la cuenta. Esta vez las chicas no se *sorprenden*.

–Esa tal marquesa no tiene que tener muchos gastos –comenta Marianne.

Al salir del restaurante, Marianne ve al chico que antes iba detrás de ellas.

–¡Oye! –le dice a su compañera–, definitivamente ese chico nos sigue.

Sybille hace un *gesto* con la mano y saluda al joven. El chico no responde y comienza a caminar *en sentido contrario*.

A la mañana siguiente, cuando las chicas se despiertan, Marianne tarda unos segundos en saber donde está. La joven pregunta a su amiga:

–¿Crees que lo que nos ocurrió ayer es una *broma* y que hoy volveremos a ser quienes somos, dos turistas alemanas?

–Eso lo vamos a *comprobar* –anuncia Sybille.

La chica llama al servicio de habitaciones y pide el desayuno en la habitación. Quince minutos más tarde les *sirven* cruasanes y café con leche, frutas y *zumo de naranja natural*.

Cuando el camarero sale de la suite, Sybille comenta:

–Todo *continúa* como ayer.

Las chicas deciden ir de nuevo a hacer turismo por la ciudad.

–Hoy quiero dar un paseo en *coche de caballos* por el parque de María Luisa –dice Sybille.

–¡Buena idea! –contesta Marianne–, así estaremos en forma para ver las *procesiones* de hoy.

Después de un largo paseo en *coche de caballos* las chicas están muy excitadas, pues van a ver su primera *procesión*.

Quieren mirar el espectáculo en la *carrera oficial* ya que por allí pasan todas las *procesiones*. Sólo tienen que esperar. Una gran cantidad de *público* llena las calles de la ciudad. *Al cabo de* unos minutos, a lo lejos se *acerca* la primera *procesión*.

–¿Qué *cofradía* es? –pregunta Marianne a un señor que está a su lado.

–Es la *cofradía* de las Aguas –le contesta.

Los *nazarenos* abren el *desfile*. Van vestidos con una túnica de color blanco, *capirote* morado y el *cinturón de esparto*, los zapatos son de color negro, y algunos van sin zapatos.

–Los *nazarenos* que van sin zapatos es porque cumplen una *promesa* –*continúa* el señor.

Las chicas ven *acercarse* el paso, que se mueve de un lado a otro. El señor no reconoce a Sybille como a la marquesa.

–Las señoritas no son de aquí –pregunta curioso el hombre.

–Somos alemanas –responde Marianne.

–Debajo del paso –*continúa* el señor amablemente con las explicaciones–, van los *costaleros*. El *capataz* dirige la marcha del paso.

Las figuras del paso representan un Cristo crucificado *acompañado* por María Magdalena, el apóstol San Juan y la figura de un ángel. El paso está decorado con flores rojas y moradas.

–Es precioso –dice Marianne.

De pronto, un gran silencio se produce en toda la calle y se *escucha* una voz cantar.

–Es una saeta –dice el señor–. Es un cante flamenco y religioso.

–...Oh, no eres tú mi cantar. No puedo cantar, ni quiero, a este Jesús en la cruz... –termina la voz de cantar.

Übung 6: Richtig ✔ oder falsch – ?
Kreuzen Sie die richtige Lösung an!

1. El restaurante "El Gitano" es muy lujoso. ☐
2. Debajo del paso va el capataz. ☐
3. Sybille saluda al joven que la sigue. ☐
4. El paso lleva flores de color amarillo y morado. ☐
5. Las chicas dan un paseo en coche de caballos. ☐

Las chicas están muy atentas a todo lo que pasa a su alrededor.

Cuando se *acerca* el paso, la gente comienza a *empujar* hacia adelante para verlo más cerca. Las chicas terminan por separarse la una de la otra. Marianne grita:

–¡Sybille, Sybille! ¿Dónde estás?

La joven no contesta. Marianne intenta encontrar a su amiga.

Cuando termina la *procesión* el *público* vuelve a su sitio poco a poco.

De pronto Marianne ve a lo lejos a su amiga. Va de la mano de un chico. Marianne se asusta al reconocer al joven misterioso que las persigue por toda la ciudad. Marianne va detrás de su amiga. La gran cantidad de personas que hay en las calles no le permite moverse con rapidez.

–¡Disculpe! ¡Perdón! –dice Marianne mientras pisa a una persona.

–¡Mira por donde pisas! –le dice una mujer, *enfadada*.

–Lo siento, es que mi amiga... –Marianne no se *detiene* a dar explicaciones.

Algo va mal. Marianne no ve más a Sybille. Llega a una calle donde no hay tanta gente, mira hacia todos los lados pero *no hay señales* de su amiga. Marianne empieza a dar vueltas por las calles. Intenta encontrar a su amiga. Tal vez al chico le gusta su amiga y quiere conocerla mejor.

–Al menos eso espero –dice la joven en voz alta.

Pasadas dos horas sin señales de Sybille, Marianne decide volver al hotel. Al llegar a la suite *comprueba* que ésta está vacía. La joven baja a la recepción a preguntar.

–¿Han visto a Sybille? ¡Uy!, perdón. ¿Han visto a la marquesa?

Nadie la ha visto volver. Marianne decide de esperar a su amiga en la habitación. "No *sirve de nada* buscarla por las calles", piensa, "hay demasiada gente en ellas". Las horas pasan y Sybille no *aparece*. Cansada de esperar, Marianne se duerme en el sofá.

ÜBUNG 7

Übung 7: Lesen Sie weiter und setzen Sie die Wörter in den Klammern ein!
(decisión, vacía, dormitorio, teléfono, despacho)

Cuando la joven se despierta corre hacia el (1.) _____

principal. La cama está (2.) _____. A Sybille le debe

haber pasado algo, de otro modo llamaría por (3.) _____

para avisar a su amiga. Marianne toma una (4.) _____:

"Voy a hablar con Santiago Delgado". El director la recibe en su

(5.) _____.

Capítulo 3: ¿Dónde está la marquesa?

–¿*Disfrutan* de su estancia en la ciudad y en nuestro hotel? –pregunta el director.
–Todo es *estupendo*... –empieza a decir la chica, pero entonces Marianne comienza a llorar.
–¿Hay algún problema? –se interesa Santiago.
–Lo siento mucho. Todo es culpa nuestra –dice Marianne.
El director no entiende de qué habla la joven. Santiago saca un pañuelo y se lo *entrega* a Marianne.
–Muchas gracias. Creo que mi compañera ha *desaparecido* –anuncia la joven.
–¿*Desaparecido*? –pregunta Santiago.
Marianne le cuenta como el día anterior fueron a ver las *procesiones*:
–Durante un tumulto nos separamos. Esa fue la última vez que vi a mi amiga. *Temo* que le ha pasado algo –finaliza Marianne.
El director se levanta de su silla.
–¡Esto no puede ser! –grita–. ¡Un escándalo en el hotel "Reyes Católicos"! ¡Es el final de mi *carrera*!
La joven siente pena por Santiago, que se ha portado muy bien con ellas. Quizás es hora de contar la verdad.
–Llegamos desde Alemania para conocer la ciudad –cuenta Marianne–. Desde nuestra llegada todos *confundieron* a mi amiga con una marquesa conocida. A mí no me *pareció* bien mentir, pero ella me convenció. Lamento mucho las molestias.
El director mira serio a Marianne al sentarse. Se lleva las manos a la boca pensativo.
–Gracias por decir la verdad, jovencita –dice *al cabo de* unos segundos–. Lo mejor será ir a la policía.
–¿La policía? –repite Marianne *asustada*.

–Sí. Si su amiga ha *desaparecido* puede ser por varios motivos y, uno de ellos lo puedo imaginar. ¿Tiene una foto de su amiga?

–¿De Sybille? Sí –responde Marianne *sorprendida* por la pregunta–, hemos hecho muchas fotos con mi cámara digital.

–¡Ah, Sybille!, ¿ése es el nombre de su amiga? Ya no tenemos más tiempo que perder. Vamos a la *comisaría*.

–¿Vamos? –pregunta la chica–, ¿es que usted viene conmigo?

–Por supuesto –responde Santiago–. Usted es mi invitada.

Los dos salen del *despacho*. Después de ir a buscar la cámara digital, Marianne y Santiago se dirigen a la *comisaría* más cercana. Al llegar, Santiago Delgado saluda a un policía y dice:

–La señorita quiere denunciar una desaparición.

El policía les pide que esperen mientras hace una llamada por teléfono.

–El inspector Morales les espera –dice el policía–. Segunda puerta a la izquierda.

–Gracias –dice Santiago.

Santiago *llama a la puerta* donde les espera el inspector. Se *escucha* una voz decir:

–¡Adelante!

Santiago y Marianne se presentan.

–¿En qué puedo ayudarles? –pregunta el inspector.

Santiago cuenta el motivo de su presencia en la *comisaría*.

–Esta chica es alemana, está invitada junto con su amiga en mi hotel. Ayer fueron a ver las *procesiones*, con tanta gente en la calle se perdieron de vista unos segundos y desde ayer no ha vuelto a ver a su amiga.

–La última vez que la vi –dice Marianne con voz *preocupada*– iba del brazo de un joven, el mismo joven que nos ha seguido desde nuestro primer día en Sevilla.

El inspector Morales no entiende a Marianne.

–¿Las seguía?

–Durante nuestra visita a la ciudad encontrábamos al chico una y otra vez allí adonde íbamos.

El inspector quiere una descripción del joven. Marianne intenta recordar.

–Era alto, delgado y moreno.

–¿El chico no tenía nada especial? –pregunta el inspector.

–Déjeme pensar. ¡Ah!, me fijé en que sus ojos eran de colores diferentes: uno era marrón y el otro de color verde.

–No es mucho –dice el inspector–. ¿Tiene una fotografía de su amiga?

Marianne le *enseña* la cámara. Cuando el inspector ve las fotos de Sybille en el display exclama *sorprendido*:

–¡Usted *bromea*! Ésta es la marquesa de Levante.

Santiago aclara la *confusión*.

–Entiendo –dice el inspector–. Será mejor esperar en el hotel. Si tenemos alguna noticia la llamaré. ¿Puede darme un número de teléfono para poder comunicarme con usted?

Marianne busca en su bolso la tarjeta del hotel "Miraflores". Después de la mentira sabe que tiene que volver al hotel que reservaron desde Alemania.

–¿Qué hace? –pregunta Santiago.

–Busco el teléfono del hotel "Miraflores" –contesta la joven–, no puedo permitirme pagar el precio de su hotel.

–Por favor, se queda con nosotros –anuncia Santiago.

Marianne abre mucho los ojos.

–Es usted muy amable –dice con una sonrisa–, pero...

–Señorita, yo soy un *hombre de palabra* –dice Santiago y mira Marianne a los ojos–. Al llegar a nuestro hotel les dije que ustedes no tenían que pagar nada. Y mantengo lo que digo.

–Es usted muy amable –dice Marianne.
–Su amiga va a *aparecer* hoy mismo –intenta *animar* Santiago a la chica.
Santiago Delgado *entrega* su tarjeta de visita al inspector. Marianne y el director del hotel se *despiden* amablemente del inspector Morales y salen del *despacho*. Ambos regresan al hotel.
–Quiero estar informado –dice Santiago cuando se *despide* de la joven–. Puede llamarme en cualquier momento.
–Así lo haré. Muchas gracias.
Marianne se sienta en la suite a esperar noticias. Las horas pasan, pero el teléfono no suena.

Übung 8: Welches Wort ist das „schwarze Schaf"?

1. camarero, canción, arquitecto, escritor
2. montaña, carretera, autopista, camino
3. cerveza, agua, refresco, lluvia
4. navidad, carnaval, caramelo, Semana Santa
5. coche, rueda, autobús, tren

Sybille siente como la gente la *empuja* hacia delante, con cada movimiento se *aleja* más de su amiga hasta perderla de vista. Alguien agarra a la chica por el brazo.
–¡Marianne! –dice Sybille–, pensé que te había perdido.
Pero la chica *comprueba* que no es su amiga quien la agarra del brazo.
–¡Oiga, suélteme! –exclama la joven.
–Tengo un *arma*, si dices algo la utilizaré –dice el joven que sujeta a Sybille–. Ahora ven conmigo.
La chica abre los ojos y mira con cara de terror al muchacho.

Sybille sigue al joven, que la coge fuertemente del brazo. Caminan entre la gente. La chica mira hacia atrás y a lo lejos ve a Marianne que grita su nombre.

El joven camina muy deprisa. Dejan atrás las calles principales por donde van los *desfiles* procesionales y llegan a una calle estrecha y vacía. Un coche hace señales con las luces.

Übung 9: Lesen Sie weiter und setzen Sie die Verben in die korrekte Zeit und Person!

–Ahora (1. subir) _____ al coche –dice el chico antes

de *empujar* a Sybille de forma violenta dentro del coche.

–Buenas noches, señora marquesa –la (2. saludar) _____

el conductor del coche–. No (3. esperar) _____

terminar así la *Semana Santa*, ¿no? – ríe maliciosamente –. Vamos

a dar un paseo.

De pronto, todo (4. volverse) _____ negro alrededor de

Sybille, el joven le (5. tapar) _____ la cabeza con un saco.

Sybille (6. estar) _____ tan *asustada* que no le da tiempo a

reaccionar.

"¿Adónde la me llevan?, ¿quiénes son esos hombres que me *obligan* a ir con ellos?", se pregunta. El coche acelera rápidamente. A Sybille el camino se le hace muy largo. Finalmente el coche se para.

–Hemos llegado –anuncia el conductor.

–¡Baja del coche! –le *ordena* el joven al abrir la puerta.

–No veo nada –se queja Sybille.

–No te *preocupes* –responde el joven–, no hay mucho que ver.

El joven vuelve a coger a Sybille del brazo. La chica *tropieza* una y otra vez con las piedras del camino. Por el silencio, la joven cree que están en algún lugar a las *afueras* de la ciudad. Sybille ve una luz a través del saco.

–Tu nuevo domicilio –anuncia el joven–. Sentimos no darte tantos *lujos* como los de tu palacio.

El joven lleva a Sybille a una habitación y le quita el saco de la cabeza. La habitación está fría y oscura, una cama *sencilla* es todo el mobiliario.

–Si quieres algo, debes gritar –anuncia el joven–, aquí no tenemos servicio de habitaciones.

Sybille se fija en el rostro del joven, no debe ser mayor que ella. Le *llaman la atención* los colores diferentes de sus ojos: uno es marrón y el otro verde.

El joven sale de la habitación y cierra la puerta detrás de él. La chica comienza a temblar de frío y *miedo*.

–¿Por qué? ¿Por qué? –se pregunta una y otra vez.

Después de varias horas *rodeada* por un silencio total y por la oscuridad Sybille se duerme. Al despertar, poco a poco, sus ojos se acostumbran a la oscuridad. Está desorientada, no sabe qué hora es ni cuánto tiempo ha dormido. Se levanta de la cama y se *acerca* a la puerta, intenta abrirla pero está cerrada.

–Tal vez hay una ventana por aquí –dice la joven en voz baja para darse *valor*.

Sybille toca las paredes de la habitación con sus manos, pero no encuentra ninguna ventana. Unos ruidos lejanos le hacen terminar la búsqueda y se para a *escuchar* a dos hombres que hablan:

–Tenemos que hacer la llamada y pedir el *rescate*. Pero debemos esperar unas horas más para que echen de menos a la marquesita.

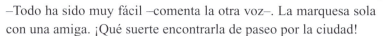

–Todo ha sido muy fácil –comenta la otra voz–. La marquesa sola con una amiga. ¡Qué suerte encontrarla de paseo por la ciudad!
–Hiciste bien en perseguirla.
–Tú también has *preparado* un plan rápidamente.
–Ahora sólo nos queda esperar y cobrar el dinero.
Sybille comprende todo. Su *parecido* con la marquesa hace que los *secuestradores* piensen que ella es la *auténtica* marquesa. La joven recuerda las palabras de su amiga: "Esto no terminará bien", y piensa, "Marianne tenía razón, debería *hacerle* más *caso*".

Übung 10: Was denkt Sybille? Unterstreichen Sie im folgenden Abschnitt die sechs Verben in der 1. Person Einzahl!

–Si creen que soy la marquesa –murmura la chica– y *comprueban* que sólo soy una turista, ¿qué me pasará? No seré de *valor* para ellos. Para mi seguridad tengo que simular ser la marquesa, al menos hasta que la policía empiece mi búsqueda, o mejor dicho, la de la marquesa. ¿Cómo puedo mantener la *confusión*? –Sybille recuerda el pretexto de sufrir *dolores de garganta* para no tener que hablar.

–Eso haré –dice convencida–. No tienen que saber que soy una turista alemana.
Una vez que ha tomado la decisión, Sybille se siente un poco más tranquila. La puerta se abre y entra el joven de los ojos de colores.
–La cena de la marquesa –anuncia–. ¿Quieres beber algo?
Sybille quiere decir que tiene mucha sed cuando recuerda su decisión de "ser la marquesa".
–Un vaso de agua, por favor –dice la chica con voz baja y temblorosa, que casi no se puede *escuchar*.

El joven no la entiende. Sybille señala su garganta.

–¡Ah!, no puedes hablar –comprende el joven–. Te traeré agua.

Sybille agradece con la cabeza.

"Seguramente Marianne ha ido a denunciar mi desaparición a la policía", piensa la chica. "Allí explicará la *confusión* y me buscarán". Sybille se asusta al pensar que tal vez a la policía no le interesa tanto la desaparición de una turista alemana.

"Seguramente debo estar varios días en esta habitación oscura", piensa Sybille.

Ella está completamente *desconsolada* y comienza a llorar *amargamente*.

Marianne no duerme en toda la noche, está muy *preocupada*, piensa en llamar a los padres de su amiga, pero sabe que ellos también están de vacaciones. No sabe adonde llamarlos.

"Tengo que hacer algo o me volveré loca", piensa en voz alta. "No puedo estar todo el día en la habitación del hotel".

Marianne baja a hablar con Santiago. "A lo mejor tiene noticias", piensa la joven.

–El director tiene visita –le anuncia un recepcionista.

Marianne espera fuera del *despacho* del director. Cuando se abre la puerta, ve al inspector Morales. Santiago invita a Marianne a entrar.

–Veo que no ha dormido mucho esta noche –dice el director a modo de saludo.

–¿Hay noticias de mi amiga? –quiere saber la chica.

–De eso ha venido a hablar el inspector –responde Santiago e invita Marianne a sentarse.

–Como yo pensaba –comienza el inspector Morales–, han *confundido* a tu amiga con la marquesa de Levante.

–¿Cómo lo sabe? –quiere saber Marianne.

Capítulo 4: El plan

–Los *duques* de Bonet, padres de la marquesa de Levante –continúa el inspector–, han recibido esta mañana una llamada en la que piden un alto *rescate* por su hija. Inmediatamente han ido a la policía, estaban muy *preocupados*. Su hija está de vacaciones en Suiza y no han podido hablar con ella hasta hace una hora. Los *duques* ahora están tranquilos, pero temen por la persona *desaparecida*. Los *secuestradores* han dado un plazo de dos días para pagar doscientos mil euros por liberar a la chica.
–¡Doscientos mil euros! –exclama Marianne–. ¿Cómo voy a *reunir* esa cantidad en dos días?
–No te *preocupes* –intenta *calmarla* Santiago–. La policía trabaja para solucionar el caso lo más rápido posible.
–Tenemos un plan –anuncia el inspector Morales a la muchacha–, y para ello contamos con la colaboración de los *duques*.
Marianne no entiende como pueden ayudarla.
–Los *secuestradores* van a llamar a los *duques* –continúa el inspector–, quieren dar instrucciones del lugar y la hora para *entregar* el dinero –el inspector mira su reloj–. La llamada debe ocurrir dentro de poco. Ahora tengo que regresar a la *comisaría*.

Unos minutos más tarde el teléfono suena en casa de los *duques*. Un policía hace un *gesto* y el *duque* de Bonet coge el teléfono.
–¿Tiene el dinero? –pregunta una voz al otro lado del teléfono.
–Sí –responde el *duque*–, pero hay un problema.
–¿Qué quiere decir con "un problema"?
–Mi hija, la marquesa –explica el *duque*–, *padece* una grave enfermedad y tiene que tomar medicinas regularmente, en caso de no hacerlo, puede tener consecuencias fatales.
El *secuestrador* está *sorprendido* ante la noticia.

–¿Qué tipo de consecuencias?

–Si mi hija no toma las medicinas en las próximas horas puede *morir* –anuncia el *duque*.

–¿Dónde puedo comprar esas medicinas? –se interesa el *secuestra-dor*–. Yo me *ocuparé* de la salud de su hija. Usted sólo tiene que *preocuparse* por *entregar* el dinero.

El *duque* explica que las medicinas sólo se venden en Suiza, desde donde se las envían cada mes a su hija.

–La única solución –dice el *duque*– es llevar yo mismo las medici-nas.

–¿Cree que soy *tonto*? –pregunta la voz–. Lo siento pero su *truco* no le ha salido bien.

El *secuestrador cuelga el teléfono*. El *duque* mira al policía.

–No se lo han creído –se lamenta el *duque*.

–¿Cuándo somos ricos? –quiere saber el más joven de los *secues-tradores*.

–Esto no me gusta –comenta el otro–. El *duque* dice que la mar-quesa está gravemente enferma y tiene que tomar unas medicinas. ¡*Menuda excusa estúpida* para venir hasta aquí!

El joven de los ojos de colores pone cara de *preocupación*.

–¿Qué te pasa a ti ahora? –pregunta *enfadado* el hombre.

–El *duque* tiene razón, la chica está enferma –anuncia el joven.

–¡No digas tonterías! –grita el *secuestrador*.

–La chica no puede hablar y se toca frecuentemente la garganta, puede ser una señal de su enfermedad grave –dice el chico–. Pién-salo bien, sin marquesa no hay dinero. Nuestros *esfuerzos* no ten-drían resultado.

Ahora es el otro hombre el que está pensativo.

–¡De acuerdo! –dice el *secuestrador* mientras vuelve a *marcar* el número de los *duques* de Bonet.

El *duque* coge el teléfono.

–Lo hemos pensado –anuncia el *secuestrador*–. Pueden traer las medicinas a la marquesa, pero con una condición: cuando secuestramos a su hija, estaba *acompañada* por una joven, ella traerá los medicamentos.

El *duque* mira *nervioso* al policía, éste *afirma* con la cabeza.

–Está bien –dice el *duque*.

El *secuestrador* da el nombre de una calle en el centro de Sevilla, en la cual *recogerán* a la chica.

–¿Cómo puedo saber que mi hija está bien? – pregunta el *duque*.

–Su amiga –informa el *secuestrador*– *entregará* personalmente los medicamentos a la marquesa. ¡Ah!, y nada de policías.

–Esto no me gusta –comenta el inspector Morales–, los *secuestradores* son más listos de lo que pensamos.

El inspector llama al hotel "Reyes Católicos" y Santiago atiende la llamada. Después de hablar con el inspector Morales, el director llama a la habitación de Marianne para decirle que tiene que ir rápidamente a la *comisaría*.

–No se *preocupe* –dice Santiago a la chica–. Yo la *acompaño*.

En el camino, la chica pregunta al director por el motivo de la llamada del inspector.

–No me lo ha dicho. Dice que es muy importante –comenta Santiago.

El inspector Morales recibe a la pareja y les cuenta la conversación entre el *duque* y el *secuestrador*.

–¿A qué hora tengo que ir? –pregunta *nerviosa* Marianne.

–Señorita, esto es muy peligroso. No queremos más problemas –dice el inspector.

–Lo sé –comenta la chica–, sólo quiero ver a Sybille lo antes posible.

–¿Está segura de poder hacerlo? –pregunta el inspector.

La chica hace un *gesto afirmativo* con la cabeza. El inspector *continúa*:

–Tiene que llevar una *mochila* de color rojo *colgada*, así la reconocerán los *secuestradores*. Usted sólo tiene que esperar.

–¿Cómo que sólo esperar? –pregunta Santiago *inquieto*–. Esto no es un juego. Marianne, usted no tiene que correr ese riesgo.

–Usted ya me ha ayudado mucho –dice Marianne mirando a Santiago–. Ahora tengo que ayudar a mi amiga.

El inspector explica a Marianne como debe actuar.

–¿Lo ha entendido bien? ¿Tiene alguna duda? –pregunta el inspector a la joven. Marianne hace un *gesto* de negación.

–Entonces sólo tenemos que esperar a la hora *acordada*.

Santiago quiere *acompañar* a Marianne, pero el inspector dice que eso no es posible.

–Estoy muy *nerviosa* –confiesa la chica a Santiago al salir de la *comisaría*.

–La invito a comer –dice Santiago–, así el tiempo pasará más rápido. *Prometo* ser un buen conversador.

–No sé cómo darle las gracias –dice la joven mientras que sonríe.

! *Übung 11: Formulieren Sie passende Fragen zu den vorgegebenen Antwortsätzen!*

ÜBUNG 11

1. *¿Adónde viajan las chicas?*

Las chicas viajan *a Sevilla.*

2. _____

El director del hotel está en una reunión.

3. _____

Han llegado a casa *a las seis y media.*

4. _____

La Giralda está *en el centro de Sevilla.*

5. _____

Los secuestradores llevan a la chica *en coche.*

A la hora *acordada* Marianne sale del hotel, con una *mochila* roja *colgada.*

–Lleve la *mochila* siempre con usted –le informa el inspector–. No se separe de ella.

En otro lugar de la ciudad el *secuestrador* joven habla con su compañero:

–¿Estás seguro que el *duque* no ha llamado a la policía?

–No lo podemos saber, pero es su hija la que está en peligro –contesta el *secuestrador*–, el *duque* es un hombre inteligente.

–¿Y si los medicamentos llegan demasiado tarde? –pregunta *inquieto* el joven y añade–, voy a ver como está la marquesa.

Sybille *escucha* los pasos del joven *acercarse* a la habitación. Ella se echa en la cama y cierra los ojos. La puerta se abre lentamente. El joven se *acerca* hasta la cama de Sybille y *comprueba* como respira.

–¿Cómo estás? –pregunta.

Sybille mira al joven pero no contesta. La chica cierra los ojos lentamente. El chico sale *preocupado* de la habitación.

–La marquesa no está bien –dice a su compañero.

–Eres un *sentimental* –dice el *secuestrador* mientras mira el reloj–. Es hora de ir a *recoger* a la amiguita de la marquesa. ¿Estás *preparado*?

El joven se cambia de ropa y se *despide* de su compañero.

Cuando Marianne llega al lugar de encuentro le *sorprende* la gran cantidad de personas que hay en la calle. La muchacha no tarda en comprender que esperan a una *procesión*.

"¿Me encontrarán entre tanta gente?" se pregunta Marianne.

Al cabo de unos minutos se *acerca* una *procesión*. Los primeros *nazarenos* pasan por delante de Marianne.

"Hace dos días Sybille y yo veíamos nuestra primera *procesión*", recuerda con tristeza. "A ella le gustó mucho."

La chica se *distrae* unos instantes, de pronto alguien agarra a la chica del brazo y le dice:

–¡Ven conmigo!

!

ÜBUNG 12

Übung 12: Lesen Sie weiter und übersetzen Sie die Wörter in Klammern!

Marianne sabe que ha llegado el momento. Su corazón (1. beginnt)

_____ a *latir* muy (2. schnell) _____ .

Cuando la joven se vuelve, *comprueba* que la voz pertenece a un *nazareno*.

Los dos se abren paso entre el (3. Publikum) _____.

A (4. niemand) _____ *sorprende* ver un *nazareno* por las calles de la ciudad. Al llegar a una calle (5. eng) _____ se *acercan* a un coche.

El *nazareno* abre la puerta y *ordena* a Marianne:

–Entra y siéntate.

La chica *obedece* mientras agarra la *mochila* fuertemente. El *naza-*

reno se *acerca* a Marianne y, como a Sybille, le pone un saco en la cabeza. El *nazareno* falso se quita el *capirote* para poder subir al coche.

Mientras, en la *comisaría*, hay mucha actividad.

–¡Ya los tengo en la *pantalla*! –dice un policía sentado frente a un monitor al inspector.

–Tienes que ser muy buena amiga de la marquesa para aceptar venir –dice el *nazareno* falso a la muchacha–. Únicamente tienes que dar las medicinas a la marquesa, después te llevo de vuelta a la ciudad.

Tras un largo viaje Marianne nota como el coche empieza a disminuir la velocidad hasta parar.

–Hemos llegado –anuncia el joven–. ¡Baja del coche!

El *secuestrador* tira de Marianne y la *empuja*.

El joven ahora le saca a Marianne el saco de la cabeza y los dos entran en la casa.

–Habéis tardado mucho –dice el *secuestrador* que espera a su compañero.

–¿Olvidas que es *Semana Santa*? –responde el joven.

–No tenemos tiempo que perder –dice *inquieto* el *secuestrador* y ordena al joven–, ¡*Acompaña* a la chica a la habitación de la marquesa!

El joven *obedece*. Marianne mira a su alrededor, el lugar en el que están es una casa vieja, las paredes están sucias y en el suelo de madera hay algunos *agujeros*.

–En la habitación del *fondo* está la marquesa –explica el chico–. No debes hablar con ella, ¿entiendes?

Marianne hace un *gesto* con la cabeza. Está *impaciente* por ver a su amiga Sybille. ¿Estará bien?

El joven le quita la *mochila* a Marianne, la abre y *comprueba* su *contenido*. Una vez que termina, la cierra y se la tira a la chica. Marianne no llega a tiempo, y la *mochila* cae al suelo.

–¡Vamos! –anuncia el joven.

–Los hemos perdido, inspector –informa el policía.

–¿Cómo dice? –pregunta Morales.

–Algo pasa con la *conexión* –explica el policía–, no *aparecen* en la *pantalla*.

El inspector se *enfada*. Todo estaba previsto para tener localizada a la chica en todo momento, sólo tenían que esperar para llegar al lugar donde está escondida Sybille.

La habitación en la que entra Marianne está oscura. Alguien se mueve en la cama. La joven reconoce a su amiga y corre hacia ella. Las chicas se abrazan y Sybille comienza a llorar. Marianne quiere *advertir* a su amiga, le hace una seña y dice:

–Tus medicamentos.

La chica saca de la *mochila* unas pastillas, mira al joven *secuestrador* y pregunta:

–¿Puede traer un vaso de agua, por favor?

El *secuestrador* duda un momento.

–No quiero ningún *truco* –dice–. Ahora mismo vuelvo.

–No te *preocupes*. Todo va a salir bien –dice Marianne a su amiga.

El otro *secuestrador aparece* por la puerta.

–Ya está bien de hablar, ¡tú! –señala a Marianne–, ¡sal de ahí! Ya es hora de volver a casa.

–¡No me dejes sola! –le pide Sybille a su amiga.

Las dos amigas se abrazan mientras Sybille llora *desconsolada*.

Marianne coge la *mochila* y algo cae al suelo. El *secuestrador recoge* un aparato extraño del suelo.

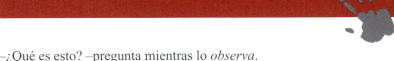

–¿Qué es esto? –pregunta mientras lo *observa*.

En ese momento el joven de los ojos de colores llega a la habitación y *escucha* decir a su compañero:

–Si no me *equivoco* esto es un *localizador*.

El chico coge el aparato, el cual tira al suelo y lo pisa.

–¡*Maldición*! –grita el *secuestrador*–. ¡La chica ha avisado a la policía!

–¡Corre! –grita Marianne a Sybille.

Las muchachas corren hacia la puerta de la habitación, pero los hombres son más rápidos. Dejan a las chicas en la habitación y cierran la puerta. Uno de los *secuestradores* grita:

–Esto no va quedar así. Ya lo dijimos, ¡nada de policías!

Übung 13: Lesen Sie weiter und setzen Sie die Wörter in Klammern in die passende Lücke ein!
(esperar, conductor, árboles, metros, fresca, detiene, chaqueta)

A pocos (1.) _____ de la casa vieja un coche negro se (2.) _____. El (3.) _____ apaga las luces, saca un cigarro del bolsillo de su (4.) _____ y lo enciende. Ahora sólo le queda (5.) _____. A su alrededor sólo ve unos cuantos (6.) _____ y *setos*. La noche es (7.) _____.

El conductor mira su reloj, ya ha pasado mucho tiempo. Se baja del coche y lentamente se *acerca* a la casa. Por una de las ventanas de la casa se ven dos hombres, uno de ellos camina de un extremo al otro de la habitación, *parece nervioso*. El conductor se aproxima hasta la ventana e intenta *escuchar* la conversación de los hombres.

–¿Has mirado el *contenido* de la *mochila*? –pregunta el hombre *enfadado*–. ¿Estás ciego?

–¿Qué vamos a hacer ahora? –pregunta temeroso el joven a su compañero–. La policía tiene que estar al llegar, debemos marcharnos de aquí.

–Déjame pensar –contesta el hombre.

Marianne *golpea* la puerta una y otra vez.

–Déjalo, no nos van a abrir la puerta –dice Sybille.

–Tal vez la policía ha localizado ya este lugar. Debemos esperar y *confiar* en que nos encontrarán –comenta Marianne.

Sybille mira a su amiga cuando habla:

–Muchas gracias por venir en mi ayuda –dice Sybille.

–¿Has *comprobado* si la habitación tiene alguna ventana? –quiere saber Marianne.

–Sí, pero no hay ninguna. ¿Por qué lo preguntas? –se interesa Sybille.

–Desde que he entrado aquí, he notado una *corriente de aire*. El viento debe entrar por alguna parte. Vamos a buscar de donde viene.

El conductor comprende el motivo de la ausencia de la policía, tiene que actuar rápido y en silencio. Santiago *rodea* la casa, y al *acercarse* a una de las paredes de la casa *escucha* un ruido. *Parecen* ratones que rascan la madera. Toca la pared y da un *golpe* suave. Se *sorprende* al *escuchar* otro *golpe*. Vuelve a dar dos *golpes* y del otro lado suenan otros dos *golpes*. Aquello no son ratones. Santiago busca con la mirada una *herramienta* a su alrededor, tal vez puede entrar en la casa si *arranca* algunas maderas de la pared. En el suelo encuentra una *barra de hierro*.

–Esto me puede *servir* –murmura Santiago.

Con gran cuidado para no *llamar la atención* de los *secuestradores,* y sin gran *esfuerzo, arranca* un trozo de madera vieja. Se para un instante antes de *continuar.*

–¿Has oído? –pregunta Sybille a su amiga.

–Sí –responde Marianne–, ahí hay alguien. La chica da suaves *golpes* en la pared.

–Si es la policía –dice a Sybille– pueden encontrarnos.

Marianne se *acerca* a la pared y dice en voz baja:

–¡Ayuda! Estamos encerradas.

–¿Marianne, eres tú? –pregunta una voz.

–¿Santiago? –pregunta *sorprendida* Marianne–. Nos han encerrado. Son dos hombres...

–Lo sé –*interrumpe* Santiago–. Voy a entrar, pero tengo que quitar estas maderas.

"¿Qué es esto?", se pregunta Santiago cuando ve que hay unos trozos de madera que sobresalen de la pared, "esto lo han tapado hace poco tiempo."

Sin gran *esfuerzo consigue arrancar* los *clavos* que sujetan las maderas. Una vez que termina, Santiago descubre una ventana, detrás de la que deben estar las chicas.

–Podemos ver luz –dice Marianne–, entra por una ventana.

Santiago da un salto y se agarra al marco de la ventana, que *afortunadamente* no tiene cristales. Con dificultad entra en la habitación. Marianne abraza al director del hotel.

–Han descubierto el *localizador* en la *mochila* –explica la joven en voz baja.

–Entiendo –dice Santiago a la vez que saca una pistola de su bolsillo–. No tenía ni idea de que algún día la iba a utilizar.

Las chicas miran *sorprendidas* al director.

–Tenéis que *llamar la atención* de los *secuestradores*, deben venir aquí. El resto lo haré yo.

Übung 14: Lesen Sie weiter und ordnen Sie die Buchstaben zu einem sinnvollen Wort!

Marianne toma la iniciativa. Se *acerca* a la (1. taerpu) _____ y grita:

–¡*Socorro*!, ¡*socorro*! la marquesa está (2. maenfer) _____.

Los *secuestradores escuchan* los (3. tosgri) _____ .

–Voy a ver que pasa –dice el (4. venjo) _____ de los ojos

de (5. rescolo) _____ a su compañero.

Al abrir la puerta, Santiago se tira encima de él y le da un *golpe* con la pistola en la cabeza.

–¡Callaos de una vez! –grita el otro *secuestrador* mientras que pregunta a su compañero–, ¿todo va bien?

Al no *escuchar* respuesta el *secuestrador* se levanta y se *acerca* a la habitación. Lo último que ve es como alguien se le echa encima.

–Rápido, hay que llamar a la policía –anuncia Santiago mientras coge su teléfono *móvil*.

Diez minutos más tarde varios coches de policía llegan al lugar del secuestro. Los *secuestradores* son *detenidos*. El inspector Morales habla con Santiago:

–Le felicito, lo ha hecho muy bien, y eso que no *obedeció* mis órdenes.

La policía sale de la casa con los *secuestradores*. Sybille y Marianne se abrazan, por fin vuelven a estar juntas.

Cuando los *secuestradores escuchan* hablar a Sybille con su amiga se *dan cuenta* de su error.

–¡*Maldición*! –grita el *secuestrador* de más edad–. Es sólo una turista. ¡Esto no quedará así!

El inspector mira a las chicas *asustadas* y dice:

–No se *preocupen*, estos dos van a estar mucho tiempo en la *cárcel*.

Las chicas se *acercan* a Santiago para darle las gracias.

–Ahora hay que *disfrutar* de la *Semana Santa* –dice Santiago con una sonrisa.

–Por supuesto –comenta Sybille–. Podemos ir los tres juntos a ver las *procesiones*.

Cuando Sybille termina de contar los *hechos* al inspector Morales, las chicas vuelven al hotel. Marianne cuenta a su amiga como Santiago le ha ayudado durante su secuestro.

–Creo que el director se ha enamorado de ti –sonríe Sybille.

–No digas tonterías –comenta Marianne, que se sonroja.

Llaman a la puerta de la habitación. Es Santiago con un ramo de flores, que *entrega* a Marianne.

–Para la chica más *valiente* que he conocido.

–Yo tenía razón –susurra Sybille a su amiga.

–¿Nos vamos a ver las *procesiones*? –invita Santiago a las chicas al *ofrecerles su brazo*.

EL CRIMEN DEL PRADO
Mario Martín Gijón

Capítulo 1: Viejos conocidos

–¿Quién puede llamar tan temprano? –se pregunta de *mal humor* el detective Márquez, mientras se levanta de la cama con gran *esfuerzo* para responder a su *móvil*, que suena desde hace un *rato*. El reloj señala las ocho de la mañana.

–Buenos días, Pepe, espero no haberte despertado –Márquez oye la voz de Francisco Fernández, o como él le llama, "Paco", *agente* de policía y amigo suyo.

–Buenos días, Paco. No, que dices, por supuesto que no me has despertado –miente Márquez–. ¿Cómo puedes pensar eso? ¿Pasa algo?

–Sí, Pepe, ha *sucedido* algo bastante grave. Por favor, tienes que venir lo antes posible al Museo del Prado. Se ha producido un crimen.

–De acuerdo, voy ahora mismo –dice Márquez.

Márquez se ducha y se viste rápidamente. Después calienta un café en el *microondas* y se lo bebe en dos tragos. Piensa ir en coche, pero luego cambia de idea y decide tomar el metro. En Madrid, y sobre todo por la mañana, es el medio de transporte más rápido.

El metro está lleno de gente que va de pie, cada vez más apretada a medida que entran más viajeros en cada estación. Márquez siente un gran *alivio* cuando por fin el metro llega a la estación de Atocha. Camina por el Paseo del Prado, *disfrutando* del aire fresco de la mañana. Cuando se *acerca* al museo ve ya dos *furgonetas* de la policía aparcadas. En la entrada le espera Paco.

Übung 1: Bilden Sie den Plural der folgenden Wörter! Achten Sie dabei besonders auf die Akzente!

1. reloj _____

2. móvil _____

3. café _____

4. coche _____

5. crimen _____

6. estación _____

7. periódico _____

8. museo _____

ÜBUNG 1

Paco y Márquez se saludan dándose la mano.

–¿Qué se sabe, Paco? ¿Quién es la *víctima*? –pregunta Márquez, con prisa por tener todos los *datos*.

–No te lo vas a creer, Pepe –responde Paco–. Es José Rodríguez. ¿Lo recuerdas, verdad?

Por unos momentos, Márquez no puede hablar por la sorpresa. El comisario José Rodríguez era su *superior* hace muchos años, cuando Márquez comenzó a trabajar como policía en Madrid. Márquez recuerda el carácter difícil de Rodríguez, con quien tuvo discusiones muy fuertes. Márquez se alegró cuando Rodríguez se *jubiló*. Sin embargo, ahora se siente *triste* por su muerte.

–Claro que lo recuerdo –dice finalmente Márquez–. ¿Puedo ver el lugar del crimen? –pregunta.

–Por supuesto –dice Paco–. Sígueme.

Hace mucho tiempo que Márquez no entra en el Museo del Prado. Como vive en Madrid, piensa que es algo que siempre puede hacer, pero, nada más entrar, su atención se fija en los cuadros: Botticelli, Raffael y otros pintores italianos del renacimiento en la planta baja. Piensa que tiene que venir al Museo del Prado algún día con más tiempo para *admirar* sus cuadros.

–Vamos, es por aquí –le dice Paco, que sube la escalera hasta la primera planta.

Cuando terminan de subir la escalera, Paco duda qué camino deben seguir.

–¿Le puedo ayudar en algo? –le pregunta entonces un empleado del museo.

–Sí, la sala 39, por favor –responde Paco.

–Siga todo recto y la encontrará enseguida.

–Muchas gracias –dice Paco.

Con motivo del crimen, la sala 39 está cerrada al *público*. Paco entra sin problemas pero cuando llega Márquez un policía le *impide* el paso.

–Lo siento, está *prohibido* entrar.

Entonces Márquez saca su *placa* de comisario y se la muestra al guardia, que se pone firme inmediatamente.

–Disculpe, no sabía...

–No se *preocupe* –dice Márquez, y entra.

En la sala 39 se exponen varios cuadros de Goya. Francisco de Goya es uno de los mejores pintores españoles. Vivió a finales del siglo XVIII y principios del XIX.

En la sala hay varias personas. En el suelo está el cadáver de José Rodríguez. Márquez lo examina. Rodríguez *murió* de un *disparo* en la frente. Su cuerpo está justo debajo del cuadro "Los *fusilamientos* del 3 de mayo" de Goya. El cuadro trata un episodio de la Guerra de la Independencia a principios del siglo XIX, cuando las tropas de Napoleón *invadieron* España. En el cuadro, un grupo de madrileños son *fusilados* por unos soldados franceses. Los españoles están pintados en tonos claros y con una luz muy intensa. Los soldados franceses están dibujados en color gris, de espaldas, y no se pueden ver sus caras.

A Márquez le *llama la atención* el lugar del *asesinato*, justo debajo de este cuadro. Le *parece* una extraña *coincidencia*.

*Übung 2: Ergänzen Sie mit **ser** oder **estar**!*

1. El comisario _____ dormido cuando suena el teléfono.

2. El metro _____ el medio de transporte más rápido en Madrid.

3. Por la mañana, el metro _____ lleno de gente.

4. El Museo del Prado _____ en el Paseo del Prado.

5. José Rodríguez _____ el antiguo jefe de Márquez.

6. Su cadáver _____ debajo de un cuadro de Goya.

Márquez *observa* las personas en la sala. Le *llama la atención* una mujer que *contempla* el cadáver desde una cierta distancia.

–Es la mujer de Rodríguez –le informa Paco.

–Ah, no la conocía. Voy a hacerle algunas preguntas.

–Mis *condolencias*, señora. Márquez, comisario de policía.

–Encantada. Me llamo Elena.

–*Supongo* que éstos son momentos muy dolorosos para usted, pero debo hacerle algunas preguntas.

–No se *preocupe* –dice Elena–. ¿Qué quiere saber?

–En primer lugar, ¿cuándo vio usted a su marido por última vez?

–Ayer por la mañana. Salió de casa y no volvió.

–¿No le extrañó no tener noticias de él?

–No. Le estuve esperando hasta las doce de la noche, luego me dormí. Desde hace tiempo nunca sabía a qué hora volvería.

–¿Cómo es eso? ¿Cómo pasaba el tiempo su marido?

–No lo sé. No me quería decir lo que hacía y yo ya no le preguntaba. No teníamos mucha comunicación últimamente.

Elena está muy seria y habla con un tono de voz algo frío. Márquez piensa que no *parece* demasiado *triste* por la muerte de su marido.

–Gracias, señora. De momento esto es todo lo que quería saber.

Márquez se dirige a la *comisaría* de policía donde trabajó durante varios años, y en la que Rodríguez era el comisario jefe.

Uno de los policías, Faustino, le saluda nada más verle entrar:

–¡Hombre, Márquez! ¿Qué tal te va la vida? Estás *contento*, ¿no?

–¿Por qué me preguntas eso? –responde Márquez.

–Bueno, todo el mundo sabe que Rodríguez no te era muy simpático –dice Faustino.

Varios empleados de la *comisaría observan* con curiosidad la escena y la reacción de Márquez a las *bromas* de Faustino.

–Mira, Faustino, estoy investigando un caso de homicidio y no estoy para *bromas* –dice Márquez.

–Yo también lo estoy investigando –dice Faustino–. Y ahora mismo estoy *interrogando* a un *sospechoso*.

–¿Cómo? –pregunta Márquez, algo *nervioso*–. ¿Qué *insinúas*...?

Entonces, Paco, que también *observaba* la escena, interviene para *calmar* a sus compañeros.

–Vamos, vamos, tranquilos. Un poco de seriedad. Márquez, ya sabes cómo es Faustino, que siempre está de *broma*. Seguramente es el policía más *bromista* de Madrid.

–Sí, creo que se ha *equivocado* de profesión. En un circo estaría mejor –comenta Márquez, mirando *con desprecio* a Faustino.

–No sigas, Pepe –le dice Paco, y se lo lleva a una sala aparte.

–Tienes razón, Paco –dice Márquez–. No tenía que haber discutido con él. Mira Paco, quiero hablar con los antiguos compañeros de trabajo de Rodríguez. Sobre todo con Carlos Cano y con Pedro Carrero. ¿Por qué no están en la *comisaría*?

–*Parece* que no *estás al día* de las noticias –dice Paco, y sonríe–. Carlos dejó hace tiempo su trabajo de policía y se pasó al mundo de los negocios. Ahora es rico, mejor dicho, millonario, y director de la empresa CCCSA.

–Vaya, qué nombre más *raro* para una empresa –comenta Márquez.

–Son las *siglas* de "Construcciones Carlos Cano, Sociedad Anónima" –explica Paco.

–Qué hombre tan *modesto* –comenta Márquez con ironía–. ¿Y qué es de Pedro Carrero? –pregunta.

–Como bien sabes Pedro es amigo *inseparable* de Carlos, y también dejó el trabajo de policía. Carlos le dio un buen puesto en su empresa.

–Entonces *supongo* que tengo que ir a la *sede* de CCCSA para encontrarlos a los dos –dice Márquez.

–Ésa es una posibilidad –dice Paco–. Pero también puedes hablar con ellos hoy, si quieres.

–¿Sabes dónde están?

–Sí, claro. Los dos son fanáticos del fútbol, y hoy juega el Real Madrid contra el F. C. Barcelona. Seguro que están en el estadio Santiago Bernabeu. Yo te puedo dar sus números de *móvil*.

–Muchas gracias, Paco. No sé qué haría sin ti.

–De nada, Márquez. Los amigos están para ayudarse.

Übung 3: Wie lautet das Gegenteil? Tragen Sie die entsprechende Ziffer in die Kästchen ein!

1. ☐ contento   a) reciente
2. ☐ simpático   b) enemigo
3. ☐ tranquilo   c) pobre
4. ☐ rico   d) enfadado
5. ☐ amigo   e) antipático
6. ☐ antiguo   f) nervioso

En el estadio Santiago Bernabeu hay un gran ambiente. En los alrededores del estadio hay mucha gente con camisetas, bufandas y banderas de su *equipo*.

Márquez *marca* el número de teléfono de Carlos.

–Sí, ¿quién es? –responde éste.

–Hola Carlos, soy José Márquez. *Supongo* que te has *enterado* de la muerte de Rodríguez. Estoy investigando su caso y quiero hacerte algunas preguntas.

–Ah, hola, Márquez. Sí, una terrible desgracia. Pero, oye, ¿no puede ser en otro momento? El partido va a empezar en media hora.

–No te *preocupes*. Sólo son unas preguntas de rutina –dice Márquez y continúa– ya se las hice a otros amigos de Rodríguez. Sólo faltáis tú y Pedro.

–Pedro está conmigo ahora. ¿Qué quieres saber?

–Ah, perfecto. Entonces podemos quedar en la puerta nº1. Os espero allí.

–De acuerdo, Márquez. Vamos enseguida.

–Muy bien, Carlos. Y muchas gracias.

!
ÜBUNG 4

Übung 4: Lesen Sie weiter uns setzen Sie die passenden Verbformen im Präsens ein!

Carlos y Pedro (1. llegar) _____ al poco *rato*. Carlos

(2. ser) _____ un hombre de unos sesenta y cinco años,

aunque se conserva bien. (3. Estar) _____ algo gordo y

(4. llevar) _____ un *traje* muy elegante. Pedro (5. ser)

_____ algunos años más joven. (6. Ser)

112

_____ alto y delgado, y (7. llevar) _____

un *traje* no tan bueno como el de Carlos.

Pedro *parece* algo *incómodo*, y no (8. decir) _____

nada. Carlos, en cambio, se muestra muy extrovertido:

–¡Qué desgracia, lo de Rodríguez! Nos hemos *enterado* por la

radio, cuando veníamos en coche al estadio. Es una verdadera

pena. Tú (9. saber) _____ que éramos muy amigos. Y él

era un policía magnífico. Aunque últimamente había cambiado...

–¿Por qué lo dices? –pregunta Márquez.

–No sé, pero la gente decía eso, ¿verdad, Pedro?

–Sí –dice Pedro–. Ya no veía a sus amigos, hablaba con gente extraña, no iba por casa...

–¿Cómo sabes tú todo eso? –pregunta Márquez.

–Me lo dijo Elena –responde Pedro.

A Márquez le extraña este comentario, pero enseguida toma Carlos la palabra y empieza a hablar de fútbol.

–Bueno, a ver si vemos un buen partido, ¿no? Creo que habrá goles. Los dos *equipos* están ahora en buena forma, y el Barça, con los últimos *fichajes*, juega muy bien...

A Márquez le *parece* que Carlos intenta *desviar su atención* y decide no hacer más preguntas.

–Bueno, eso era todo lo que quería saber. Espero que veáis un buen partido.

–¿No te quedas a verlo con nosotros? –pregunta Carlos.

–No tengo entrada –dice Márquez.

–Yo puedo *conseguirte* una –le ofrece Carlos.

113

–No, muchas gracias Carlos, pero debo seguir mi investigación –responde Márquez, y se *despide*.

Sin embargo, Márquez tiene un pase especial y se queda dentro del estadio. Con unos *prismáticos observa* a Carlos y Pedro. Tras el partido, sigue a Pedro desde una distancia *prudente*, después sigue con su coche al de Pedro. Hay mucho tráfico, con los coches de la gente que sale del estadio, pero el coche de Pedro, un Lamborghini rojo, es fácil de reconocer.

El Lamborghini se dirige hacia las *afueras* de Madrid. "Qué extraño", piensa Márquez, "según mis informaciones, Pedro vive en el centro de Madrid".

El Lamborghini toma un *desvío* con la señal "La Moraleja", una *urbanización* de *lujo* a las *afueras* de Madrid. Márquez intenta no perder de vista el coche de Pedro, pero sin *acercarse* demasiado para no resultar *sospechoso*. Finalmente, ve como el coche para frente a la *verja* de una casa de campo. Tras un momento la puerta se abre y el coche entra. Márquez aparca su coche junto a un chalet cercano. Decide esperar para saber con quién está Pedro. Pero el tiempo pasa y nadie sale de la casa. Márquez *escucha* la radio, intenta no dormirse.

! ÜBUNG 5

Übung 5: Ordnen Sie die Buchstaben zu einem sinnvollen Wort!

1. borhme _____

2. rodog _____

3. gaimo _____

4. neget _____

5. saac _____

6. detsaoi _____

7. hecoc _____

8. idaro _____

114

Al día siguiente, por la mañana temprano, Márquez, casi dormido, oye el ruido de un motor. El Lamborghini de Pedro se *aleja*. Rápidamente se levanta, se peina, se mira en el espejo del coche y se *acerca* al portal del chalet. Toca el timbre, y la puerta del jardín se abre. Cuando llega a la puerta de la casa, antes de que llame, ésta se abre. Márquez, con gran sorpresa, se encuentra frente a Elena, la viuda de Rodríguez.

–¡Oh! ¡Es usted! Disculpe, pensaba… bueno, no importa. ¿Qué hace aquí a estas horas?

–Quería hacerle algunas preguntas más sobre su esposo. ¿Puedo entrar?

–Sí, claro –dice Elena, y deja pasar a Márquez–. ¿Quiere tomar un café?

Márquez le da las gracias, realmente lo necesita para despertarse.

Elena vuelve con una cafetera llena y dos tazas.

Márquez toma su café y, ya algo más despierto, pregunta a Elena:

–¿Puedo saber por qué ha pasado Pedro Carreño toda la noche en casa de usted?

Elena le mira *sorprendida*. Tras unos momentos, contesta:

–¿Qué le importa eso a usted? Pedro y yo somos amigos. Estoy pasando unos momentos muy difíciles. Él vino a *consolarme* por la muerte de mi esposo.

Márquez sonríe irónicamente.

–Pues *parece* que usted no echa mucho de menos a su marido...

Elena le mira con furia.

–¿Qué *insinúa*?¿Cómo se *atreve*? Usted no tiene derecho a hablarme así.

–No es necesario que *finja*, señora –responde Márquez muy tranquilo–. Ayer *interrogué* a Pedro. Él me confesó que ustedes son amantes.

Elena le mira *sorprendida* y luego empieza a llorar.

115

–Es cierto... Yo siento mucho la muerte de mi marido... pero ya no nos queríamos. Él estaba siempre en la calle, nunca me decía lo que hacía, no me contaba nada de su vida. Quizás tenía otra mujer.

–¿No pensaron en separarse? –pregunta Márquez.

–Sí –contesta Elena–. Yo le pedí el *divorcio*. A él le daba igual. Pero yo no me *atrevía*. A mis años, no quería quedarme sola. Y no estaba segura de que Pedro quisiera una relación seria... –Elena se *interrumpe* y vuelve a llorar.

Márquez ya no tiene más preguntas. Se *despide* de Elena, que no le contesta, y se marcha.

! ÜBUNG 6

Übung 6: Wie lautet das Gegenteil?

1. ☐ abrir
2. ☐ entrar
3. ☐ alejar
4. ☐ despertar
5. ☐ temprano
6. ☐ solo
7. ☐ siempre
8. ☐ lleno

a) tarde
b) cerrar
c) nunca
d) acompañado
e) acercar
f) vacío
g) dormir
h) salir

Capítulo 2: Un encuentro inesperado

Para reflexionar sobre el caso, Márquez regresa al Museo del Prado. Mientras camina hacia la sala donde tuvo lugar el *asesinato*, *observa* los cuadros de Goya. Las escenas felices de "La pradera de San Isidro", "El *parasol*", "La *maja* vestida", "La *maja* desnuda", los retratos de la *nobleza... parece* un mundo *idílico*. Pero luego llegan los cuadros oscuros, con tonos negros y escenas duras, "Los *desastres* de la guerra", "La *carga* de los mamelucos"... y "Los *fusilamientos* del 3 de mayo". Márquez piensa en los soldados que *disparan* en el cuadro. No se ven sus rostros. ¿Qué pensarían al *disparar* contra esos hombres que *defendían* su libertad? *Obedecían* órdenes. Probablemente no pensaban mucho. En cambio, quien mató a Rodríguez debía tener un motivo. Pedro, quizás, para casarse con Elena. Pero si Elena podía *divorciarse* de Rodríguez cuando quisiera, ¿qué *sentido* tendría eso? Márquez se siente cada vez más perdido.

Übung 7: Welche Synonyme gehören zusammen?

1. ☐ reflexionar   a) muchacha
2. ☐ regresar   b) perdido
3. ☐ observar   c) favorito
4. ☐ rostro   d) mandar
5. ☐ ordenar   e) solucionar
6. ☐ preferido   f) pensar
7. ☐ desorientado   g) cara
8. ☐ chica   h) cabello
9. ☐ pelo   i) volver
10. ☐ resolver   j) mirar

Márquez se dirige a la zona del museo donde están los cuadros de Velázquez. Quiere ver "Las Meninas", su cuadro *preferido*. *Observa* que hay una chica *tomando apuntes* del cuadro. Pelo largo y moreno, delgada, vaqueros, un jersey de lana que le recuerda a alguien... No hay duda, es Lucía, la chica que le ayudó en Salamanca a *resolver* el caso de la estudiante *asesinada*.

–¿Qué haces tú aquí? –pregunta muy *sorprendido*.

–¡Ay! ¡Qué susto me ha dado! –exclama Lucía–. ¡Qué sorpresa, señor Márquez! No sabía que le gustara la pintura.

–Ya ves que me *infravaloras*. Pero, ¿ya no vives en Salamanca?

–Sí, vivo allí. Estoy en Madrid sólo por unos días. Tengo que escribir un trabajo para la universidad sobre Madrid durante el siglo XVII, y creo que no hay nada mejor que la pintura de Velázquez para tener una imagen de esa época. ¿Y a usted cómo le va? ¿Está *ocupado* con algún caso?

–Pues sí... pero quizás es mejor no hablar del tema.

–¿Por qué? ¿Es algo secreto?

–No, pero no tengo ninguna *pista* clara. Por eso vine al lugar del crimen.

–¿Dónde? ¿Aquí?

–Casi. En una sala cercana mataron a un antiguo comisario de policía.

–¿En qué sala?

–En la sala donde está el cuadro "Los *fusilamientos* del 3 de mayo" de Goya. El cadáver estaba debajo de ese cuadro.

Lucía *parece* muy interesada y no dice nada por unos momentos, mientras reflexiona.

Luego pregunta:

–¿Un comisario de policía, dice?

–Sí, se llamaba Rodríguez. No tenía buena *fama*.

–¿Por qué?

ÜBUNG 8

!

*Übung 8: Bestimmter oder unbestimmter Artikel? Lesen Sie weiter und setzen Sie **el, la, los, las, un, una, unos** oder **unas** ein!*

–Trabajaba en (1.) _____ Brigada Político-Social, y se *ocupaba* de lo que llamaban "*delitos* políticos" durante (2.) _____

dictadura. En (3.) _____ *comisaría* se decía que *torturaba* a

(4.) _____ *detenidos*.

–Mmmm... Qué interesante. ¿Sabe?, creo que (5.) _____

hecho de haber sido *asesinado* frente a ese cuadro no puede ser

casualidad.

–¿Por qué lo dices?

–Quizás es sólo *coincidencia*... pero durante (6.) _____ Guerra

Civil, (7.) _____ republicanos españoles recordaban (8.)

_____ *resistencia* de los madrileños contra (9.) _____ tropas

francesas y la tomaban como modelo para su *resistencia* contra

(10.) _____ tropas de Franco, ya que ellos también *resistían*

duramente en Madrid contra un enemigo mejor *armado*.

Márquez reflexiona sobre lo que acaba de decir Lucía.

–A ver, si no me *equivoco*, tú piensas que la muerte de Rodríguez
fue la *venganza* de un *preso político* al que Rodríguez *torturó*
durante la dictadura.

–No lo sé –dice Lucía–. Pero me gustaría ayudarle a *resolver* el
caso, si me lo permite...

–¡Vaya! –exclama Márquez–. Veo que te crees ya una detective
experta.

–No, pero pensé que podía ayudarle en algo –dice Lucía, un poco
decepcionada.

–¿Cómo piensas ayudarme? –pregunta Márquez.

–Puedo investigar en los *archivos* de la prisión, buscar los nombres

119

de los *presos políticos* a quienes *interrogó* Rodríguez y *comprobar* si alguno de ellos pudo ser el *asesino*.

–Está bien –dice Márquez tras una pausa–. De todos modos, a mí no me gusta el trabajo de *archivo*, y en cambio tú estás acostumbrada. Pero, ¿seguro que quieres hacerlo?

–Sí –dice Lucía–. *Al fin y al cabo*, soy *historiadora*, y este caso quizás esté relacionado con la historia *reciente* de España. El trabajo sobre el Madrid del siglo XVII puede esperar para después.

–De acuerdo, como quieras –dice Márquez–. Pero, por favor, ocúpate sólo de la búsqueda en los *archivos*, y no hagas nada peligroso.

–No se *preocupe*, señor Márquez –dice Lucía–. No me *meteré en líos*.

Márquez *finge* creerla, aunque no está muy seguro de lo que ella dice.

Capítulo 3: El secreto de Rodríguez

Al día siguiente, Lucía se levanta temprano y va al Ministerio de Justicia para consultar los *archivos* de la antigua Prisión de Carabanchel.

Carabanchel es un barrio al sur de Madrid. Su *cárcel* fue construida un año después de terminar la guerra civil, en 1940, y era una de las más grandes de España. Entre los miles de *presos*, había muchos *oponentes* políticos a la dictadura. En 1998 la prisión fue cerrada y ahora es un edificio *abandonado*.

Lucía pide consultar los *archivos* de *presos políticos*. Como es estudiante de historia, a la bibliotecaria le *parece* normal. Últimamente hay cada vez más jóvenes que se interesan por la historia *reciente* de España.

Übung 9: Setzen Sie die Präpositionen in Klammern ein!
(hace, desde, desde hace, desde que, durante)

1. La Prisión de Carabanchel fue construida _____ más de 60 años.

2. _____ la dictadura, en la prisión fueron encerrados presos políticos.

3. _____ algunos años, la prisión fue cerrada.

4. _____ entonces, es un edificio abandonado.

5. _____ algún tiempo, hay muchos jóvenes interesados por la historia reciente de España.

6. _____ cerraron la prisión, es un edificio abandonado.

Cuando Lucía ve toda la documentación que hay se *desanima*. Piensa que va a necesitar meses para *comprobarlo* todo. Entonces decide hablar con la bibliotecaria:

–Oiga, lo que yo quiero es hablar con alguno de los *presos políticos* que estuvieron aquí. ¿Conoce usted a alguno? Y, ¿me puede decir dónde vive?

La bibliotecaria la mira *sorprendida*.

–Mira, chica, eso es muy difícil. *Ten en cuenta* que la mayoría de los *presos políticos* salieron de la *cárcel* hace más de treinta años. ¿Cómo puedo saber dónde viven, o qué hacen ahora?

–Tiene razón, es imposible –dice Lucía, con resignación. "Qué *tonta* he sido", piensa.

Cuando va a salir del *archivo*, un anciano, que ha estado leyendo todo el tiempo un viejo periódico, la llama:

–Oye, chica, ¿tienes un momento?

121

–Sí. ¿Qué quiere?

–He oído tu conversación con la archivera. Yo conozco a alguien que quizás te puede ayudar.

La cara de Lucía se ilumina con una sonrisa.

–¿Ah, sí? ¿Quién?

–Es un amigo mío. Se llama Julián. Tiene una librería especializada en libros de historia. Espera, te escribo el nombre y la dirección de la librería.

El anciano escribe una dirección en un trozo de papel y se lo da a Lucía, que lee: "Librería Bitácora. Calle Miguel Hernández, 75".

–Muchas gracias, señor.

–Me llamo Antonio. No hay de qué. Siempre es un placer ayudar a los jóvenes que se interesan por la historia de nuestro país.

–Encantada. Yo me llamo Lucía. ¿Cómo puedo llegar a esta calle?

–Es muy fácil. Tomas la línea 1 de metro en dirección Congosto y te bajas en la estación Miguel Hernández. *No tiene pérdida.* Saluda a Julián de mi parte.

–Gracias. Claro que lo haré.

! *Übung 10: Welches Wort ist das „schwarze Schaf"?*

1. periódico, factura, semanario, revista
2. archivo, cárcel, biblioteca, libro
3. alto, gordo, fácil, delgado
4. metro, autobús, tren, coche
5. gafas, vaqueros, jersey, gorro
6. quiero, leo, tiene, conozco

Lucía toma el metro y baja en la estación Miguel Hernández. Al salir a la calle enseguida encuentra la librería. Es una tienda pequeña, llena de estanterías con libros. Detrás del *mostrador*, un hombre delgado, con pelo gris y gafas, lee un libro de historia. Cuando entra Lucía, levanta la vista.

–Buenas tardes –dice con una sonrisa, y vuelve a leer en su libro.

–Buenas tardes, señor. ¿Es usted Julián?

Julián levanta la vista *sorprendido*.

–Sí, para *servirte*. ¿Y cómo sabes tú mi nombre?

–Me lo dio su amigo Antonio –responde Lucía.

–¡Ah, Antonio! –exclama Julián, sonriendo–. ¿Qué es de su vida? Hace meses que no lo veo.

–Está bien. Le manda saludos.

–Me alegro de saber que está bien. Dale saludos de mi parte si lo vuelves a ver. ¿Y qué quieres tú?

–Pues verá, soy estudiante de historia...

–Eso no me extraña, *teniendo en cuenta* que has venido a esta librería –interrumpe Julián, y ríe–. Perdona, sigue. Ah, y puedes hablarme de "tú". Aunque sea algo viejo, creo que tengo todavía la *mente* joven.

–Vale, gracias. Pues verás, estoy estudiando la oposición política al franquismo y quiero hablar con personas que estuvieron en la *cárcel* por sus ideas. Espero que no te *moleste* hablar de eso.

–No, no tengo ningún problema en hablar. Eran tiempos difíciles, pero *afortunadamente* ahora vivimos en la democracia.

–Antonio me dijo que estuviste en la *cárcel*, ¿por qué?

–Sí, así es. Estuve en una *manifestación*, y ya antes me habían *detenido* por hacer una *pintada*.

–¿Te *torturaron*? –pregunta Lucía.

Julián se queda en silencio por un momento. Su rostro se vuelve muy serio.

–Sí. Era normal en esa época.

–¿Recuerdas quién lo hizo?

–¿A qué te refieres? ¿Si sé cómo se llamaban? ¿Cómo puedo saberlo?

–Perdona, tienes razón. Pero, ¿podrías reconocer su cara?

–No, no creo. Fue hace mucho tiempo. Además, me *esforcé* por olvidarlo.

Lucía entonces saca un recorte de periódico, donde *aparece* una foto de Rodríguez bajo el titular "Misterioso crimen en el Museo del Prado. Antiguo comisario *asesinado*".

Julián casi salta de la impresión.

–¿Cómo? ¿Rodríguez? ¡Oh, Dios mío!

–¿Lo conoces? –pregunta Lucía con una sonrisa de triunfo.

–Claro que lo conozco, es amigo mío.

–¿Fue él uno de los que te *torturaron*?

–¡No! Si fuera así no lo habría olvidado. No, él no fue. Él era mi amigo.

–¿Y de qué lo conocías entonces?

–Él venía mucho a mi librería. Yo sabía que había sido policía, pero no le gustaba hablar de eso. Ahora estaba *jubilado* y le interesaba mucho la historia, como a mí. Me compraba muchos libros, y nos pasábamos mucho tiempo hablando sobre historia y política. A veces, cuando cerraba yo la librería nos íbamos a seguir hablando al bar "Solidaridad", al que van algunos amigos míos. Pero, ¿cómo es posible? ¿Quién lo mató?

Entonces, Lucía piensa que es mejor que diga la verdad:

–En realidad, eso es lo que quiero saber. Estoy ayudando a un detective amigo *encargado* de su caso.

–¿Y cómo puedo ayudarte? ¿Qué quieres saber? –pregunta Julián.

–¿Cuándo fue la última vez que lo viste? –pregunta Lucía.

–Hace un par de semanas –responde Julián.

–¿Notaste en él algo *raro*? –pregunta Lucía.

–No especialmente. Estaba algo más *exaltado* de lo habitual. Quizás también porque bebimos mucho... –dice Julián–. Ahora que me acuerdo, me dijo que estaba escribiendo un libro...

–¿Ah, sí? –pregunta Lucía, *sorprendida*–. ¿Sobre qué?

–Un libro de memorias sobre sus años en la *comisaría*. Me dijo "voy a dar nombre y apellidos de quienes se comportaron como *criminales*, les guste o no". Yo pensé que hablaba así porque estaba *borracho*, no pensaba que fuera a *meterse en líos*. Siempre me *pareció* un hombre que evitaba tener problemas con nadie.

–¿Crees que Rodríguez escribió ese libro?

–No lo sé. Después de esa noche no volví a verle. Pensaba que cualquier día volvería por la librería para comprar algún libro y *charlar* un *rato*. Pero ahora no lo veré nunca. Y eso me duele. Era un buen amigo. Quizás *cometió* errores en su vida, pero era un hombre *honrado*.

Julián se queda en silencio y Lucía ve que no le apetece hablar más.

–Bueno, creo que tengo que irme...

–¡Espera! –dice Julián–. ¿Me puedes dar tu número de teléfono? Siempre es bueno tener amigos que se interesan por la historia.

–Sí, claro. Espera, ¿tienes un papel?

–Mejor lo *apunto* en mi *móvil*.

Lucía le da su número y Julián le hace una *llamada perdida*, para que ella tenga su número también. Luego se *despiden*.

Übung 11: Formen Sie die direkte Rede in indirekte Rede um!

1. Julián piensa: "Lucía es una estudiante de historia".

Julián piensa que Lucía es una estudiante de historia.

2. Julián dice: "No tengo problema en hablar".

3. Lucía piensa: "Rodríguez torturó a Julián".

_____

4. Pero Julián explica: "Rodríguez era amigo mío".

_____

5. Rodríguez dijo a Julián: "Estoy escribiendo un libro".

_____

6. Lucía pregunta a Julián: "¿Crees que Rodríguez escribió ese libro?"

_____

7. Julián pregunta a Lucía: "¿Me puedes dar tu número de teléfono?"

_____

Al día siguiente por la mañana suena el _móvil_ de Lucía. Cuando ella saca el _móvil_ del bolso, ve que quien la llama es Julián.

–¡Hola, Julián! ¿Cómo va todo?

–Lucía, tenemos que vernos hoy. He recibido un paquete con una carta de Rodríguez.

–¿De Rodríguez? ¿Cómo es posible?

–La escribió antes de _morir_. Y en el paquete...

–¿Qué hay? –pregunta Lucía, _impaciente_.

–Son sus memorias, escritas a máquina.

–¿Las has leído?

–Todavía no. Pero las voy a leer hoy. Ahora tengo que trabajar, pero podemos vernos cuando cierre la librería.

–Sí, claro. ¿A qué hora?

–A las ocho y media.
–Perfecto. Ten cuidado, Julián.
–No te *preocupes* –dice Julián muy seguro, y *cuelga*.
Lucía está muy *nerviosa* durante todo el día. Las horas le *parecen* larguísimas. Quizás debería ir ya a la librería. Pero no, mejor cuando Julián cierre, para poder hablar sin que nadie se *entere*.
Por fin, a las ocho menos cuarto toma el metro y media hora después llega a la estación Miguel Hernández.
–¿Pero qué pasa aquí? –se dice Lucía.
Varios coches de policía están aparcados y, cuando Lucía llega a la librería, ve que está *acordonada* por la policía. Lucía intenta pasar pero un *agente* se lo *impide*.
–Oye, chica, ¿adónde vas?
–Quiero entrar en la librería.
–No es posible. Ha habido un crimen.
–¿Cómo? –pregunta Lucía, que *intuye* lo peor–. ¿Qué ha ocurrido?
–Lo siento, no puedo darte más información –dice el *agente*–. Ahora vete, por favor.
–¡No! ¡Dígame qué pasa!
En esto *aparece* Márquez.
–¿Qué ocurre? Lucía, ¿qué haces aquí?
–¿La conoce? –pregunta el *agente* a Márquez.
–Sí, la conozco. Yo me *ocupo* de ella.
Cuando están *a solas*, Lucía cuenta a Márquez lo que le dijo Julián. Márquez se *enfada*.
–¿Así es como me ayudas? ¿Quieres *hacerme la competencia* investigando *por cuenta propia*?
–Lo siento. Te *prometo* que te contaré todo a partir de ahora.
–Eso espero –dice Márquez.
–Te lo *prometo*, de verdad. Dime qué ha pasado.
–A tu amigo Julián lo *asesinaron* de un *disparo* en la *nuca*. Un

127

cliente lo descubrió al entrar en la librería y llamó a la policía. Su cadáver estaba en el suelo. Tenía encima un libro.

–¿Qué libro? –pregunta Lucía.

–"*Elogio* del silencio". *Parece* que al *asesino* le gusta la ironía macabra. Oye, Lucía, creo que de momento no puedes ayudarme más. La policía ya está investigando la muerte de Julián. Creo que es mejor que vayas a casa.

Lucía *obedece* a Márquez. Pero esa noche, Lucía recibe un mensaje de *móvil* enviado desde internet: "Te gusta la pintura, ¿verdad? Pues recuerda el título del grabado de Goya: "*Enterrar* y callar". Si no, *prepárate* para las consecuencias".

Lucía conoce el grabado, uno de los "*Desastres* de la guerra", donde *aparece* un montón de cadáveres después de una batalla. *Parece* que el *asesino* no *repara en víctimas*. Es una clara *amenaza* para Lucía.

!

Ü B U N G   1 2

Übung 12: Füllen Sie die Lücken mit dem passenden Wort!
(amenaza, cree, envía, entrar, disparó, queda, promete)

1. Julián _____ con Lucía a las ocho y media.

2. El policía no deja _____ a Lucía en la librería.

3. El asesino _____ que Lucía tiene las memorias
   de Rodríguez.

4. El asesino _____ en la nuca a Julián.

5. Lucía _____ a Márquez que le contará todo.

6. El asesino _____ a Lucía.

7. El asesino _____ desde internet un mensaje
   al móvil de Lucía.

Capítulo 4: Los sótanos del Prado

A la mañana siguiente, Márquez llama por teléfono a Elena.
–Sí, ¿diga?
–Buenos días, señora. Espero no haberla despertado.
–Ah, es usted –dice Elena con un tono de voz algo *decepcionado*–. ¿Qué ocurre? ¿Quiere saber más cosas sobre mi vida privada? –pregunta luego con ironía.
–No es su vida privada lo que me interesa –replica Márquez–, sino la de su marido. ¿Por qué no me dijo que Rodríguez escribió un libro de memorias? –pregunta.
–¿Cómo? ¿Un libro de qué? –pregunta Elena *sorprendida*.
–No *finja* que no sabe nada. Su marido estaba escribiendo un libro de memorias y usted debía saberlo.
–¡Otra vez me *acusa* usted! –grita Elena–. Oiga, yo no sé nada de ningún libro. Lo que hacía José era *asunto* suyo. Ya le dije que no me contaba nada.
–¿Pero usted no le vio nunca escribir algo?
–¡No! Él se encerraba en su *despacho* con llave, y yo no sabía lo que estaba haciendo.
Márquez piensa que no *sirve de nada* insistir. Elena quizás dice la verdad, o quizás no. Pero en caso de que no, ya ha tenido suficiente tiempo para destruir las memorias de Rodríguez, si estuvieran en su casa.
–De acuerdo, señora. Eso era todo. Disculpe las molestias –dice Márquez.
Elena *cuelga* el teléfono, sin responder. Márquez no sabe qué pensar. No está seguro de que Elena sea totalmente inocente.
Entonces llama a Lucía.
–Buenos días, Lucía. ¿Cómo estás?
–Buenos días, señor Márquez. Me alegro de que me llame usted.

No estoy demasiado bien...

La voz de Lucía suena algo *asustada*, y Márquez se *preocupa*.

–¿Ocurre algo, Lucía?

–Sí... pero... ¿podemos vernos? Prefiero no hablar por teléfono...

–De acuerdo. Podemos almorzar en algún sitio y me cuentas lo que ocurre.

–Como usted quiera. ¿Dónde podemos encontrarnos?

–¿Te *parece* bien el bar "Las tapas locas"?

–Suena bien. ¿Dónde está?

–Cerca de la Puerta del Sol, en la calle Huertas.

–Oiga, ¿allí no será muy caro?

–No te *preocupes*, invito yo.

–Siendo así...

Un *rato* después, Márquez y Lucía conversan sentados a una mesa con varias tapas de tortilla de patatas, croquetas, pescado frito y salchichas. Al lado de Márquez hay una *caña de cerveza*. Lucía toma una limonada. Son las dos de la tarde y hay mucha gente en el bar, tomando cerveza con tapas o bocadillos de calamares, jamón o queso.

Lucía informa a Márquez sobre el mensaje que ha recibido, él la *escucha* con atención y se pone pensativo. Después de un momento de silencio contesta:

–Creo que debemos encontrar esas memorias. En ellas está la *clave* para saber quién se sintió *amenazado* hasta el punto de matar a Rodríguez.

–Y a Julián –*añade* Lucía con tristeza.

–Pero quizás había sólo una versión, y el *asesino* la destruyó.

Lucía piensa durante un *rato*.

–Sí, pero...

–¿Qué? –pregunta Márquez impaciente.

–Él no sabe eso. Él no puede saber cuántas versiones de las memorias existen. Se me ocurre una idea...

A la mañana siguiente, en una de las primeras páginas de EL PAÍS, *aparece* un *anuncio* de gran *tamaño*: "Presentación de las *Memorias* del comisario Rodríguez. En el *Ateneo* de Madrid, el miércoles a las 21 h." Las consecuencias no se hacen esperar. Esa misma tarde Lucía recibe una llamada de número desconocido.

–Sí, ¿quién es?

–Oye, chica. Si quieres seguir con vida, *impide* que se presente ese libro –le dice una voz que suena muy *rara*, como deformada *artificialmente*.

–¿Cómo? ¿Quién es usted? –pregunta Lucía, algo *asustada*.

–Eso no te importa. Y algo más. Sé que si alguien tiene las memorias de Rodríguez, eres tú. Tienes que dármelas. Si no lo haces, tendré que actuar contigo como hice con Julián.

Lucía empieza a sentirse muy *nerviosa*, pero *consigue* responder con calma.

–De acuerdo. Si ese *manuscrito* es tan importante para usted, puedo dárselo.

–No intentes jugar conmigo. Vas a dármelo, pero debes jurar que no existe ninguna otra copia.

–No, no la hay, que yo sepa. Yo hice fotocopias del *manuscrito* que tenía Julián.

–Pues no hagas ninguna copia más. Esta noche, a las diez, frente al Museo del Prado, quiero que me traigas el *manuscrito*. Espera junto a la estatua de Velázquez.

–De acuerdo, señor. Haré como usted me dice.

Lucía llama enseguida a Márquez y le cuenta la conversación con el desconocido. Márquez *escucha* con mucha atención. Piensa un momento y luego dice:

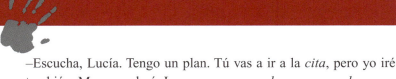

–Escucha, Lucía. Tengo un plan. Tú vas a ir a la *cita*, pero yo iré también. Me esconderé. Le *cogeremos con las manos en la masa*. ¿Estás *dispuesta* a hacerlo?
–Sí –contesta Lucía, con voz muy segura, aunque oye como le *late* el corazón por la emoción.

Übung 13: *Schreiben Sie die Wörter nochmals auf und setzen Sie, wenn nötig, einen Akzent!*

1. ningun _____
2. emocion _____
3. presentacion _____
4. Marquez _____
5. aunque _____
6. fotocopia _____
7. Lucia _____
8. Rodríguez _____

A las diez de la noche, Lucía llega al Museo del Prado. Lleva una *mochila* con un paquete de *folios*. Después de cinco minutos esperando, se *acerca* un guardia del museo.
–¡Hola! ¿Te puedo ayudar en algo? El Museo ya está cerrado.
–No, gracias, estoy esperando a alguien –contesta Lucía.
Entonces el guardia rápidamente la agarra y le coloca un pañuelo con cloroformo en la cara. Lucía se *desmaya*.
Pero entonces *aparece* Márquez.
–¡Quieto! ¡Levante las manos! –ordena Márquez mientras *apunta* con su pistola al guardia, que *obedece* y levanta las manos.
–No tan rápido, Márquez –oye el detective detrás de él. Pedro Carrero avanza *apuntándole* con un revólver–. ¡Tira el *arma*! –grita, y Márquez deja caer su pistola.
Márquez y Lucía son *atados* por el guardia de seguridad y llevados

a un *sótano* del Museo del Prado donde se guardan los cuadros que no se exponen.

–*Supongo* que esto es el final –dice Márquez–. Pero, ¿por qué, Pedro, por qué todas estas muertes?

–Bueno, dentro de unos minutos no podrás hablar más, así que *supongo* que puedo decírtelo –dice Pedro Carrero.

–¿Qué? ¿Qué puede hacer que un hombre asesine a sus antiguos compañeros de trabajo, a sus antiguos amigos? –pregunta Márquez.

–Rodríguez ya no era mi amigo –contesta Pedro–. Él quería contar en su libro cómo Carlos y yo *torturábamos* a los *prisioneros*. Él lo había visto todo. Nunca quiso mancharse las manos, y Carlos y yo nos las manchamos demasiado. Oficialmente, varios *presos* "se suicidaron" entre 1970 y 1975 en la Prisión de Carabanchel y en la Dirección General de Seguridad. En realidad no se suicidaron. ¿Qué iba a ganar Rodríguez con contar eso? Sólo arruinar mi vida y la de Carlos. Sobre todo la de Carlos. En su posición no podía permitir un escándalo así. Me ofreció el puesto de vicepresidente en su empresa si *impedía* la publicación del libro de Rodríguez. Y le cité en el Museo del Prado. Este amigo –Pedro señala al guardia del Museo– nos dejó quedarnos cuando el museo ya había cerrado. Yo intenté convencer a Rodríguez de que era mejor no publicar ese libro. No *sirve de nada remover* el *pasado*. Entonces él me mostró ese cuadro de Goya, "Los *fusilamientos* del 3 de mayo", y me dijo que quería denunciar las injusticias *cometidas* contra hombres inocentes como había hecho Goya en su cuadro, porque la gente debe conocer la verdad. Cuando vi que no podía convencerle, saqué mi pistola y le *disparé* en la frente.

–¿Nadie oyó el *disparo*? –pregunta Márquez.

–No seas *ingenuo*, Márquez. Mi *arma* tiene *silenciador*.

Lucía ya se ha despertado, y pregunta:

–¿Por qué mató a Julián?

–Ah, tu amigo Julián –responde Pedro–. Sabes, desde que Márquez se *encargó* del caso le estuve vigilando. Pensé que no encontraría ninguna *pista válida*, pues nadie sabía de la existencia de ese libro, o eso creía yo. Pero entonces *apareciste* tú y empezaste a investigar por tu cuenta. Vi que podías ser más peligrosa que Márquez. Vigilé la librería de Julián y así pude saber cuándo recibió el paquete con las memorias. Sabía que no querría dármelo. Le pregunté por un libro y cuando fue a buscarlo le *disparé* en la *nuca*. *Recogí* el paquete que tenía bajo el *mostrador*, y también su *móvil*, en cual encontré tu número de teléfono. Ahora ya lo sabéis todo. Pero bueno, a ver esas memorias dónde están.

Pedro abre la *mochila* de Lucía. Hay muchos *folios*, pero están todos *en blanco*.

–¿Dónde están las memorias de Rodríguez? –pregunta furioso.

–Pregunte a su amigo Carlos. Elena le dio una copia –responde Lucía.

El rostro de Pedro muestra una gran sorpresa.

–¿Cómo sabes tú eso? ¿Y cuándo le dio Elena esa copia a Carlos?

–Posiblemente la noche en la que usted mató a Rodríguez. *Parece* que ella *confía* más en él que en usted.

Carrero se pone *nervioso*.

–Esperad un minuto –dice, y se va.

Se marcha un momento para llamar por el *móvil*. Vuelve sonriendo.

–Buen *intento*, chica, pero ya está todo claro. Acabemos con esto cuanto antes –dice Pedro, levantando la pistola y *apuntando* a Márquez.

Pero en ese momento, el guardia del museo *golpea* con fuerza a Carrero, que cae al suelo. Luego toma el revólver de Pedro y *desata* a Márquez y Lucía.

Márquez coloca las *esposas* a Pedro Carrero.

–¿Por qué lo hizo? –pregunta Márquez al guardia, muy *sorprendido*.

El guardia tarda en responder.

–Pedro me *engañó* –dice, bajando la cabeza–. Sabe usted, mi padre estuvo treinta años en la *cárcel*. No había *cometido* ningún crimen. Pero había luchado contra la dictadura. A mí siempre me ha *parecido* una *vergüenza* que los torturadores y *verdugos* no hayan pagado por sus crímenes. Pedro me dijo que Rodríguez había *torturado* a mi padre. Pensé que merecía que Pedro lo matara. ¿Cómo pudo *engañarme* así? –dice, cada vez más furioso, y *apunta* a Pedro con el revólver.

–No –dice Márquez, y le sujeta el brazo al guardia–. Cálmese. La justicia se *ocupará* de él. Deme el *arma*.

El guardia *obedece* y *entrega* el revólver a Márquez. En ese momento suena el *móvil* de Pedro.

Márquez toma el *móvil* y *escucha* la voz de Cano:

–¿Qué pasa, Pedro? ¿*Resolviste* ya el *asunto*?

–Hola Carlos, soy Márquez. Creo que sí *resolví* el *asunto*. Me *parece* que tendrás que dar algunas explicaciones a la policía.

Abschlusstest

*Übung 1: Setzen Sie in den folgenden Aussagen die korrekten Formen von **ser**, **estar** oder **hay** ein!*

1. Márquez _____ contento porque ha resuelto el caso.

2. En Salamanca _____ muchos estudiantes.

3. En Salamanca _____ dos catedrales: una románica y otra gótica.

4. La carretera desde Ávila a Salamanca no _____ muy buena.

5. No sé dónde _____ la Casa de las Conchas.

6. El "Libro del Unicornio" _____ de autor anónimo.

7. La discoteca _____ llena de gente.

Übung 2: Welche der folgenden Aussagen zur Geschichte "El misterio de la estudiante de Salamanca" sind wahr? Setzen Sie ein: richtig ✔ oder falsch – !

1. El comisario Márquez siempre tiene mucho trabajo. ☐
2. Carlos es un viejo amigo de Márquez. ☐
3. La profesora María Carbajosa era amiga de Sofía. ☐
4. Al principio, Lucía no quiere hablar con Márquez. ☐
5. A Márquez le gustan las fiestas de estudiantes. ☐
6. "La Tarara" es un bar de heavy metal. ☐
7. Rubén no quiere hablar de Sofía. ☐

8. El fin de semana, Rubén fue a un partido de fútbol. ☐
9. Rubén no se lleva bien con su padre. ☐
10. Sofía tropezó y cayó por la escalera. ☐

Übung 3: Welche der drei Antworten ist richtig? Kreuzen Sie an!

1. La ciudad de Ávila es famosa por...
a) su catedral. ☐   b) sus ruinas romanas. ☐   c) sus murallas. ☐

2. "La Maja desnuda" es un cuadro de...
a) Velázquez. ☐   b) Goya. ☐   c) Raffael. ☐

3. La Casa de las Conchas es...
a) un mercado. ☐   b) un palacio. ☐   c) una discoteca. ☐

4. Un "diestro" es un...
a) toro. ☐   b) torero. ☐   c) nazareno. ☐

5. La "Torre de Oro" está en...
a) Salamanca. ☐   b) Madrid. ☐   c) Sevilla. ☐

Übung 4: Setzen Sie die Verben im Präsens ein!

1. Normalmente, Márquez (levantarse) _____ tarde.

2. La música del móvil (despertar) _____ a Márquez.

3. ¿Por qué no (nosotros/ir) _____ en metro?

4. ¿Por qué no (vosotros/venir) _____ con nosotros?

5. ¿Por qué no (tú/decir) _____ nada?

6. ¿(tú/estar) _____ enfadado?

7. (yo/recoger) _____ el paquete en la oficina de correos.

8. Él no (contar) _____ nunca lo que hace.

9. (yo/saber) _____ hablar tres idiomas: alemán, inglés y español.

10. No (yo/oír) _____ lo que dices.

11. Nosotros (pagar) _____ treinta euros por la entrada.

12. ¿Me (tu/dar) _____ tu número de móvil?

13. Yo no (dar) _____ mi número a desconocidos.

14. (vosotros/beber) _____ demasiada cerveza.

15. Julián y Rodríguez (leer) _____ muchos libros de historia.

16. Nosotros (leer) _____ sobre todo novelas.

Übung 5: Welche Aussage ist korrekt? Wählen Sie die richtige Variante aus!

1. El cuadro "Los fusilamientos del 3 de mayo" hace referencia a...
a) la Guerra Civil española.   ☐
b) la Guerra de la Independencia.   ☐
c) la Segunda Guerra Mundial.   ☐

2. Santiago Bernabeu es...

a) una urbanización de lujo. ☐

b) un pintor del Renacimiento. ☐

c) un estadio de fútbol. ☐

3. "La Moraleja" es...

a) un hotel de lujo en Madrid. ☐

b) un grabado de Goya. ☐

c) una urbanización. ☐

4. "Las Meninas" es un cuadro de...

a) Goya. ☐

b) Velázquez. ☐

c) Botticelli. ☐

5. La Guerra Civil española terminó en...

a) 1939. ☐

b) 1945. ☐

c) 1936. ☐

6. Carabanchel es...

a) el bar favorito de Julián. ☐

b) un pintor del siglo XVIII. ☐

c) un barrio de Madrid. ☐

Übung 6: Welches Wort ist das „schwarze Schaf"?

1. torero, jinete, cuadrillas, corrida, procesión
2. ruedo, nazareno, costalero, capirote, capataz
3. clave, ordenador, archivo, clavo, carpeta

4. caña, mostrador, bar, cita, silla

5. móvil, llamada, manga, teléfono, mensaje

6. ficha, asignatura, conexión, carrera, tesis

Übung 7: Welche Wörter sind Synonyme?

1. ☐ fiesta   a) multitud
2. ☐ gente   b) anciano
3. ☐ secreto   c) apenado
4. ☐ alegre   d) muchacho
5. ☐ joven   e) enigma
6. ☐ triste   f) celebración
7. ☐ viejo   g) contento

*Übung 8: Setzen Sie die richtige Form von **ser** oder **estar** ein!*

1. Los nazarenos _____ en la carrera oficial.

2. El secuestrador _____ enfadado con su compañero.

3. El manager de Paco _____ como de la familia.

4. Fermín y Blanca no _____ antipáticos, solamente

    _____ cansados.

5. Sybille y Marianne _____ de paseo por Sevilla.

6. Yo _____ una turista alemana y _____ de

vacaciones en la ciudad.

7. ¿No _____ vosotros entre el público de la corrida de toros?

Übung 9: Sind die folgenden Aussagen korrekt? Markieren Sie mit richtig ✔ oder falsch – !

1. El comisario Rodríguez era amigo de Márquez.
2. Márquez piensa que Lucía no es muy guapa.
3. Elena es la amante de Carlos Cano.
4. Marianne busca a Sybille.
5. El medio de transporte más rápido en Madrid es el metro.
6. Lucía trabaja en el Museo del Prado.
7. Goya nació en el siglo XVIII.
8. Sybille tiene dolores de garganta.
9. El hotel Miraflores es sencillo.
10. A Márquez no le gustan las bromas de Faustino.
11. Marianne no quiere que Sybille olvide a Antonio.
12. Juan nunca fue el maestro de Paco de Utrera.
13. Elena está divorciada de Rodríguez.
14. Gutierrez se encuentra con Blanca en casa de los Utrera.
15. Lucía no conoce al "Libro del Unicornio".

Lösungen

Réquiem por un torero
Übung 1: 1. La 2. los 3. un 4. una 5. el 6. los 7. el 8. el 9. El
Übung 2: 1. exclusivo 2. espectaculares 3. amplias 4. profesional 5. climatizada
Übung 3: 1. la actriz 2. la reina 3. la madre 4. la torera 5. la jefa 6. la médico 7. la maestra 8. la estudiante
Übung 4: 1. señorita 2. joven 3. comer 4. bebida 5. carrera 6. esposo Lösungswort: torero
Übung 5: 1. He pensado 2. Tengo 3. voy a hacer 4. entiendo 5. voy a dar 6. quiero 7. hablo 8. He hablado
Übung 6: 1. Antonio llama a Paco por teléfono el lunes. 2. Paco tiene que demostrar que es el mejor. 3. Fermín quiere que su padre olvide el pasado. 4. Porque no quiere ver a Fermín torear con Paco de Utrera. 5. Fermín y Tomasa se asoman por la ventana.
Übung 7: 1. richtig 2. richtig 3. richtig 4. falsch 5. falsch
Übung 8: 1. médicos 2. amiga 3. comportamiento 4. plaza de toros 5. autopsia
Übung 9: 1. inspector 2. puerta 3. presenta 4. preguntas 5. invita 6. mira
Übung 10: La música en la discoteca está muy fuerte. Un chico se acerca a hablar con una chica muy guapa. El chico le pregunta si quiere bailar. La chica no escucha bien la pregunta y le contesta: –Muy bien gracias, ¿y tú?
Übung 11: 1. El torero es muy popular entre las mujeres. 2. Juan lleva noches sin dormir. 3. ¿Puedo saber por qué? 4. Salieron con sus amigos hasta muy tarde. 5. Su relación profesional no terminó bien.
Übung 12: 1. Inspektor Gutierrez ruft den Inhaber der Apotheke an. 2. Quique lernt Englisch, um nach Oxford zu gehen. 3. Die Jugendlichen gehen an den Wochenenden zusammen aus. 4. Die „Plaza Mayor" ist im Zentrum von Madrid. 5. Blancas Freund heißt Fermín.
Übung 13: 1. es 2. están 3. es 4. está 5. estás, estoy
Übung 14: 1. falsch 2. richtig 3. richtig 4. falsch 5. richtig

El misterio de la estudiante de Salamanca
Übung 1: 1. Westen ≠ este 2. gut ≠ mal 3. viel ≠ poco 4. klein ≠ grande 5. lang ≠ corto 6. voll, gefüllt ≠ vacío 7. früh ≠ tarde
Übung 2: 1. decirme 2. decirle 3. alegre 4. triste 5. pregunta 6. normal 7. encontrar 8. se preocupe 9. se marcha
Übung 3: 1. Nombre 2. Apellidos 3. Fecha de nacimiento 4. Lugar de nacimiento 5. Licenciatura 6. Asignatura 7. Número de teléfono a) Sevilla, 16 de julio de 1985 b) Hernández Muñoz c) 732101 d) Historia e) largo, negro f) guapa g) amiga
Übung 4: 1. soy 2. tampoco 3. era 4. soy 5. era 6. voy 7. también 8. nos poníamos 9. ir 10. eran

Übung 5: 1. „Leute, ich muss nach Hause", sagt Lucía zu ihren Freunden. 2. „In Ordnung, Lucía, wir sehen uns morgen im Unterricht", antwortet ihre Freundin Marta. 3. „Lucía, ist das dein neuer Freund?" fragt Felipe, einer ihrer Freunde. 4. Lucía wird etwas ärgerlich. „Das ist nicht mein Freund." 5. „In Ordnung, Lucía, ich glaube dir", antwortet Felipe und lacht. 6. Lucía antwortet nicht und verlässt die Bar. 7. „Deine Freunde sind sehr witzig", bemerkt Márquez.

Übung 6: 1. d 2. g 3. h 4. a 5. b 6. c 7. e 8. f

Übung 7: 1. d 2. g 3. e 4. c 5. a 6. b 7. f

Übung 8: 1. cocina 2. dijo 3. río 4. monasterio 5. alrededor 6. concha

Übung 9: 1. recuerdo 2. contenta 3. mejor 4. agradable 5. inocente 6. ahora 7. cerca

Übung 10: 1. decidida 2. nerviosa 3. entrar 4. paz 5. destruir 6. privada 7. solo

Übung 11: aceituna, bacon, jamón, salami, queso, atún, tomate, anchoa

Übung 12: 1. casa 2. armarios 3. libros y cuadros 4. despacho 5. puerta 6. escritorio 7. mesa 8. ordenador 9. cama

Übung 13: 1. se esconde 2. cierra 3. escribe 4. envía 5. piensa

Übung 14: 1. Lucía 2. Carlos 3. Rubén 4. madre 5. novia 6. padre

El caso de la marquesa

Übung 1: 1. llora 2. cuenta 3. quiere 4. responde 5. entiendo 6. dice 7. llora 8. tengo 9. hago 10. tienes 11. intenta 12. Estás 13. dice 14. es 15. puede 16. piensa 17. debo

Übung 2: 1. sopla 2. pesa 3. llevas 4. quiere 5. explica

Übung 3: 1. conductor 2. abre 3. entran 4. baja 5. claro 6. irónicamente 7. aclarar

Übung 4: 1. d 2. c 3. e 4. b 5. a

Übung 5: 1. Porque estaba cubierta de azulejos dorados. 2. Sevilla tiene influencias culturales de los romanos y los musulmanes. 3. El río Guadalquivir cruza Sevilla. 4. América se conoce como el Nuevo Mundo. 5. El campanario de la catedral de Sevilla se llama "La Giralda".

Übung 6: 1. falsch 2. falsch 3. richtig 4. falsch 5. richtig

Übung 7: 1. dormitorio 2. vacía 3. teléfono 4. decisión 5. despacho

Übung 8: 1. canción 2. montaña 3. lluvia 4. caramelo 5. rueda

Übung 9: 1. sube 2. saluda 3. esperaba 4. se vuelve 5. tapa 6. está

Übung 10: 1. soy 2. soy 3. me pasará 4. seré 5. tengo 6. puedo

Übung 11: 1. ¿Adónde viajan las chicas? 2. ¿Quién está en una reunión? 3. ¿Cuándo han llegado a casa? 4. ¿Dónde está la Giralda? 5. ¿Cómo llevan los secuestradores a la chica?

Übung 12: 1. empieza 2. deprisa 3. público 4. nadie 5. estrecha

Übung 13: 1. metros 2. detiene 3. conductor 4. chaqueta 5. esperar 6. árboles 7. fresca

Übung 14: 1. puerta 2. enferma 3. gritos 4. joven 5. colores

El crimen del Prado

Übung 1: 1. relojes 2. móviles 3. cafés 4. coches 5. crímenes 6. estaciones 7. periódicos 8. museos

Übung 2: 1. está 2. es 3. está 4. está 5. es 6. está

Übung 3: 1. d 2. e 3. f 4. c 5. b 6. a

Übung 4: 1. llegan 2. es 3. Está 4. lleva 5. es 6. Es 7. lleva 8. dice 9. sabes

Übung 5: 1. hombre 2. gordo 3. amigo 4. gente 5. casa 6. estadio 7. coche 8. radio

Übung 6: 1. b 2. h 3. e 4. g 5. a 6. d 7. c 8. f

Übung 7: 1. f 2. i 3. j 4. g 5. d 6. c 7. b 8. a 9. h 10. e

Übung 8: 1. la 2. la 3. la 4. los 5. el 6. la 7. los 8. la 9. las 10. las

Übung 9: 1. hace 2. Durante 3. Hace 4. Desde 5. Desde hace 6. Desde que

Übung 10: 1. factura 2. cárcel 3. fácil 4. coche 5. gafas 6. tiene

Übung 11: 1. Julián piensa que Lucía es una estudiante de historia. 2. Julián dice que no tiene problema en hablar. 3. Lucía piensa que Rodríguez torturó a Julián. 4. Pero Julián explica que Rodríguez era amigo suyo. 5. Rodríguez dijo a Julián que estaba escribiendo un libro. 6. Lucía pregunta a Julián si cree que Rodríguez escribió ese libro. 7. Julián pregunta a Lucía si le puede dar su número de teléfono.

Übung 12: 1. queda 2. entrar 3. cree 4. disparó 5. promete 6. amenaza 7. envía

Übung 13: 1. ningún 2. emoción 3. presentación 4. Márquez 5. aunque 6. fotocopia 7. Lucía 8. Rodríguez

Lösungen Abschlusstest

Übung 1: 1. está 2. hay 3. hay 4. es 5. está 6. es 7. está

Übung 2: 1. falsch 2. richtig 3. falsch 4. richtig 5. falsch 6. falsch 7. richtig 8. falsch 9. richtig 10. falsch

Übung 3: 1. c 2. b 3. b 4. b 5. c

Übung 4: 1. se levanta 2. despierta 3. vamos 4. venís 5. dices 6. Estás 7. Recojo 8. cuenta 9. Sé 10. oigo 11. pagamos 12. das 13. doy 14. Bebéis 15. leen 16. leemos

Übung 5: 1. b 2. c 3. c 4. b 5. a 6. c

Übung 6: 1. procesión 2. ruedo 3. clavo 4. cita 5. manga 6. conexión

Übung 7: 1. f 2. a 3. e 4. g 5. d 6. c 7. b

Übung 8: 1. están 2. está 3. es 4. son, están 5. están 6. soy, estoy 7. estáis

Übung 9: 1. falsch 2. falsch 3. falsch 4. richtig 5. richtig 6. falsch 7. richtig 8. falsch 9. richtig 10. richtig 11. falsch 12. falsch 13. falsch 14. richtig 15. falsch

Glossar

f	feminin
fam	umgangssprachlich
fig	bildlich
irr	unregelmäßig
m	maskulin
pl	Plural
v	Verb

abandonado	hier: leerstehend; verlassen
abandonar *v*	verlassen
abanico *m*	Fächer
abogado/a *m, f*	Rechtsanwalt, Rechtsanwältin
acceso *m*	Zugang
accidente *m*	Unfall
aceituna *f*	Olive
acercarse *v*	sich nähern
acompañado	begleitet
acompañar *v*	begleiten
acordado	vereinbart, abgesprochen
acordonar *v*	absperren
acusado/a *m, f*	Beschuldigte(r), Angeklagte(r)
acusar *v*	beschuldigen
admirador/a *m, f*	Bewunderer(in)
admirar *v*	bewundern
advertir *v irr*	hinweisen auf; warnen
afirmar *v*	bekräftigen; festhalten
afortunadamente	zum Glück
afueras *f, pl*	Vorort, Umgebung
agente *m, f*	hier: Polizeibeamter/-beamtin; Agent(in)
agotado	erschöpft
agotarse *v*	hier: vergriffen sein; sich verausgaben, sich erschöpfen
agujero *m*	Öffnung, Loch
al cabo de	nach

alejarse *v*	sich entfernen
al fin *m*	endlich
al fin *m* **y al cabo** *m*	letztlich, letzten Endes
alivio *m*	Erleichterung
alumno/a *m, f*	hier: Student(in); Schüler(in)
amargamente	bitterlich
ambición *f*	Ehrgeiz
amenaza *f*	Drohung
amenazado	bedroht
anchoa *f*	Anschovis, Sardelle
angustiado	bekümmert
animar *v*	aufmuntern, animieren
añadir *v*	hinzufügen
anuncio *m*	hier: Anzeige, Werbespot; Bekanntgabe
aparecer *v*	erscheinen, auftauchen
apoyado	angelehnt
apoyar *v*	stützen, anlehnen; unterstützen; bestätigen
apreciar *v*	(jmd. sehr) schätzen
apuntar *v*	zielen; notieren
archivo *m*	Archiv; Datei (im Computer)
arma *f* (el arma)	Waffe
armado	bewaffnet
arrancar *v*	abreißen; anfangen; starten (Auto)
artes marciales *f, pl*	Kampfsportarten
artificial	künstlich
asesinado	ermordet
asesinato *m*	Mord
asesino/a *m, f*	Mörder(in)
asesor/a financiero/a *m, f*	Finanzberater(in)
asignatura *f*	Kurs (an der Uni)
a solas	allein
asomarse *v*	sich lehnen aus, schauen aus
asombrado	überrascht
aspecto *m*	Aussehen; Aspekt
asunto *m*	hier: Geschäft; Angelegenheit
asustado	erschrocken

atar *v*	fesseln; festbinden
Ateneo *m*	Kulturverein
aterrizar *v*	landen
a todas luces	zweifellos
atragantarse *v*	sich verschlucken
atreverse *v*	sich trauen
atún *m*	Thunfisch
aumentar *v*	vermehren, wachsen
auténtico	echt, authentisch
autopsia *f*	Obduktion
avergonzado	beschämt
azulejo *m*	Kachel
banderilla *f*	Speer (beim Stierkampf)
banderillero *m*	Stierkämpfer, der den Stier mit Banderillas reizt
barra de hierro *f*	Eisenstange
bebida isotónica *f*	isotonisches Getränk
beca *f*	Stipendium
borracho	betrunken
bravo	hier: wild; tapfer, mutig
brindar *v*	(mit den Gläsern) anstoßen
broma *f*	Scherz, Spaß
bromear *v*	scherzen
bromista	witzig
calimocho *m, fam*	Mischung aus Cola und Wein
calmar *v*	beruhigen
calmado	hier: ruhig; beruhigt
calmante *m*	Beruhigungsmittel
campanario *m*	Glockenturm
caña *f* **(de cerveza)**	kleines Bier vom Fass
capataz *m*	hier: Anführer einer Prozession; Vorarbeiter
capirote *m*	spitzer Büßerhut der Nazarener
capote *m*	hier: großes Stierkampftuch; Cape
capricho *m*	Laune; Einfall
cárcel *f*	Gefängnis
carga *f*	hier: Angriff; Last
carpeta *f*	Ordner (PC); Mappe

147

carrera *f*	Karriere; Studium; Rennen; Strecke
carrera oficial *f*	Prozessionsfestweg
casero	hausgemacht
casualidad *f*	Zufall
celoso	eifersüchtig, neidisch
certificado *m* **de muerte**	Totenschein
cerradura *f*	Schloss
charlar *v*	reden, plaudern
cinturón *m* **de esparto**	Strohgürtel des Büßergewandes
cita *f*	Verabredung, Termin
clave *f*	Passwort (PC); entscheidender Hinweis
clavo *m*	Nagel
clínica *f* **de adelgazamiento**	Diätklinik
coartada *f*	Alibi
coche *m* **de caballos**	Pferdekutsche
codazo *m*	Stoß mit dem Ellenbogen
cofradía *f*	Bruderschaft
coger *v* **(a alguien) con las manos en la masa** *fig*	(jmd.) auf frischer Tat ertappen
coger *v* **el toro por los cuernos** *fig*	den Stier bei den Hörnern packen *fig*
coincidencia *f*	Zufall
coletilla postiza *f*	künstlicher Zopf
colgado	umgehängt; aufgehängt
colgar *v irr* **(el teléfono)**	hier: (den Hörer) auflegen; hängen
columna *f*	Säule
cometer *v*	begehen, verüben
comisaría *f*	Kommissariat, Polizeiwache
compañía aérea *f*	Fluggesellschaft
comparar *v*	vergleichen
compensación *f*	hier: Entschädigung; Ausgleich
compincharse *v, fam*	gemeinsame Sache machen
comportamiento *m*	Benehmen
comprensión *f*	Verständnis, Verstehen
comprobar *v irr*	feststellen, überprüfen
concha *f*	Muschel
con desprecio *m*	mit Verachtung

condolencias *f, pl*	Beileid
conexión *f*	Verbindung
confiar *v*	vertrauen
confundido	verwirrt
confundir *v*	verwechseln; verwirren
confusión *f*	Verwechslung; Verwirrung
confuso	konfus, zerstreut
conquistador/a *m, f*	hier: Verführer(in); Eroberer, Eroberin
conseguir *v irr*	erreichen, erhalten; etw. besorgen
considerar *v*	überdenken; respektieren; halten für
consolar *v irr*	trösten
contemplar *v*	betrachten
contener *v irr*	beinhalten; zurückhalten
contenido *m*	Inhalt
contento	zufrieden
continuar *v*	fortsetzen, fortfahren, weitermachen
contrato *m*	Vertrag
copista *m, f*	Kopist(in); Schreiber(in)
corrida *f*	hier: Stierkampf; Sprint
corriente *f* **de aire**	Luftzug
costalero *m*	Träger der Prozessionsschreine in der Karwoche
criado/a *m, f*	Hausangestellte(r)
criar *v*	aufziehen, züchten
criminal *m, f*	Verbrecher(in)
criminal	verbrecherisch
criminalista *m, f*	Ermittler(in), Kriminalist(in)
criminalista	Kriminal-
crítico/a *m, f*	Kritiker(in)
cuadrilla *f*	hier: Gefolge (des Toreros); Kolonne
cubierto	bedeckt
cubrir *v irr*	be-, verdecken; decken
culpable	schuldig
culpable *m, f*	Schuldige(r)
cumplir *v* **los deseos**	die Wünsche erfüllen
cúpula *f*	Kuppel
darse *v irr* **ánimos** *fig*	sich aufmuntern
darse *v* **cuenta**	bemerken

149

darse *v* **prisa**	sich beeilen
datos *m, pl*	Angaben, Daten, Informationen
decepcionado	enttäuscht
decidido	energisch, entschlossen
decorador/a *m, f*	Innenausstatter(in)
defender *v*	verteidigen
delito *m*	Delikt, Straftat
de mediana edad	mittleren Alters
demostrar *v*	zeigen, demonstrieren
de repente	plötzlich
derribar *v*	·hier: niederwerfen; einschlagen
desafiante	herausfordernd
desanimado	entmutigt, mutlos
desanimarse *m*	sich entmutigen, den Mut verlieren
desaparecido	verschwunden
desastre *m*	Katastrophe, Unglück
desatar *v*	losbinden, entfesseln
desconsolado	untröstlich
desesperarse *v*	verzweifeln
desfile *m*	Kolonne, Zug
desmayarse *v*	ohnmächtig werden
despacho *m*	Büro, Arbeitszimmer
despedir *v irr*	entlassen, kündigen; verabschieden
despedirse *v irr*	sich verabschieden
destacar *v*	hervorstechen; sich abheben
desvelar *v*	offenbaren
desviar *v* **la atención**	(die Aufmerksamkeit von etwas) ablenken
desvío *m*	Umleitung
detalles *m, pl*	Einzelheiten
detener *v irr*	festnehmen, verhaften
detenerse *v irr*	sich aufhalten (mit), verweilen; anhalten
detenido/a *m, f*	Häftling
detenido	verhaftet
deuda *f*	Schulden
de un tirón *m*	mit einem Ruck

diestro *m*	hier: Stierkämpfer; geschickter Mensch
director *m* **de tesis**	Doktorvater
disfrutar *v*	genießen
disparar *v*	schießen
disparo *m*	Schuss
dispuesto	bereit
distraer *v irr*	ablenken; vergnügen
divorciarse *v*	sich scheiden lassen
divorcio *m*	Scheidung
dolor(es) *m (pl)* **de garganta**	Halsschmerzen
duelo *m*	Duell
duque, duquesa *m, f*	Herzog(in)
echar *v* **un vistazo**	einen Blick werfen
Edad Media *f*	Mittelalter
elogio *m*	Lob
empollón/-ona *m, f*	Streber(in) *fam*
empujar *v*	drücken; schubsen
en blanco	unbeschrieben, blanko
encargado	beauftragt
encargar *v*	beauftragen
encargarse *v*	sich kümmern
encina *f*	Steineiche
en efecto	tatsächlich
en el fondo	im Grunde genommen
enemistad *f*	Feindschaft
enfadado	sauer, erbost
enfadarse *v*	böse werden, sich ärgern
enfrentarse *v*	jmd. gegenüber treten, konfrontieren
engañar *v*	betrügen
enseñar *v*	zeigen; lehren
en sentido contrario	in entgegengesetzter Richtung
enterarse *v*	zur Kenntnis nehmen; wissen
enterrar *v*	begraben
entregar *v*	(zurück-, über-)geben
envidia *f*	Neid
equipo *m*	Mannschaft, Team
equipo *m* **sanitario**	Notarztteam

equivocarse *v*	sich irren
escáner *m*	Scanner
escapar *v*	fliehen
escritorio *m*	Schreibtisch
escuchar *v*	hören, zuhören
escudo *m*	hier: Wappen; Schutzschild
esforzarse *v irr*	sich bemühen, anstrengen
esfuerzo *m*	Mühe, Anstrengung, Bemühen
espada *f*	Schwert
esposas *f, pl*	Handschellen
estar *v irr* **al día**	auf dem Laufenden sein
estoque *m*	Stoßdegen
estrella *f*	hier: Star; Stern
estupendo	hervorragend
exaltado	aufgeregt
excusa *f*	Entschuldigung
experiencia *f*	Erfahrung
explicación *f*	Erklärung
fachada *f*	Fassade
fama *f*	Berühmtheit; Ruf
ficha *f*	hier: Karteikarte (mit Angaben zum Studenten); Akte
fichaje *m*	Verpflichtung (eines Spielers)
fichero *m*	Karteikasten
filología *f* **hispánica**	Hispanistik
fingir *v irr*	simulieren; so tun als ob
folio *m*	Blatt (Papier)
fondo *m*	Hintergrund; Boden; Ende
forrado	gefüttert
furgoneta *f*	Transporter, Lieferwagen
fusilamiento *m*	Erschießung
fusilar *v*	erschießen
gárgola *f*	Wasserspeier
gesto *m*	Geste
gesto afirmativo *m*	hier: Nicken; zustimmende Geste
golpe *m*	Schlag
golpear *v*	klopfen; schlagen
gracioso	witzig

guía *m, f*	Reiseführer(in)
guía *f*	Reiseführer (Buch)
hacer *v irr* **caso** *m* **(a alguien)**	jmd. beachten, auf jmd. hören, jmd. gehorchen
hacer *v irr* **gracia**	gefallen, Spaß machen
hacer *v irr* **la competencia**	(jmd.) Konkurrenz machen, in Wettbewerb treten (mit)
hecho *m*	Tatsache
herramienta *f*	Werkzeug
historiador/a *m, f*	Historiker(in)
hombre *m* **de palabra**	ein Mann, der sein Wort hält
hombro *m*	Schulter
honor *m*	Ehre
honrado	ehrenhaft; ehrlich
huele *v irr*	3. Person Sing. von „oler"/riechen
huir *v irr*	fliehen, flüchten
humilde	einfach, bescheiden
idílico	idyllisch
impaciente	ungeduldig
impedir *v irr*	verhindern; abhalten von
imprevisiblemente	unvorhersehbarer Weise
imprimir *v irr*	(aus)drucken
inaugurar *v*	einweihen
incómodo	hier: unbehaglich; unbequem
indicar *v*	zeigen
inestable	unbeständig; labil
infravalorar *v*	unterschätzen
ingenuo	naiv
ingrediente *m*	Zutat
inquieto	unruhig; beunruhigt
inseparable	unzertrennlich
insinuar *v*	andeuten
intento *m*	Versuch
interrogar *v*	hier: verhören; (be)fragen
interrogatorio *m*	Verhör
interrumpir *v*	unterbrechen
intuir *v irr*	ahnen
invadir *v*	überfallen

jeque *m*	Scheich
jinete *m, f*	Reiter(in)
jubilado	Rentner sein
jubilarse *v*	in Rente gehen
lástima *f*	Mitleid; Jammer
latir *v*	schlagen (Herz)
llamada *f* **perdida**	entgangener Anruf
llamar *v* **a la puerta**	an die Tür klopfen, klingeln
llamar *v* **la atención**	auffallen, Aufmerksamkeit erregen
llamativo	auffällig
llanto *m*	Weinen
llanura *f*	Ebene
llave *f* **de judo**	Judogriff
localizador *m*	Mikrosender; Wanze
lomo *m*	Lende
lujo *m*	Luxus
lujoso	luxuriös; prächtig
maja *f*	hier: hübsche, junge Frau
¡maldición! *fam*	Verflucht! *fam*
mal humor *m*	schlechte Laune
maletero *m*	Kofferraum
mando *m* **a distancia**	Fernbedienung
manga *f*	Ärmel
manifestación *f*	Demonstration
manuscrito *m*	Manuskript
marcado	hier: deutlich hörbar; markiert
marcar *v* **(un número)**	(eine Telefonnummer) wählen
mareado	schwindelig
mármol *m*	Marmor
medias *f, pl*	Strumpfhose
medieval	mittelalterlich
mente *f*	Geist
menú *m* **del día**	Tagesmenü
¡Menuda excusa estúpida! *fam*	Was für eine blöde Ausrede! *fam*
meterse *v*	sich in etwas einmischen
meterse *v* **en líos** *m, pl*	sich in Schwierigkeiten bringen
microondas *m*	Mikrowelle

miedo *m*	Angst
minarete *m*	Minarett
mirilla *f*	Guckloch; Spion
mochila *f*	Rucksack
modesto	bescheiden
molestar *v*	stören
molestia *f*	Belästigung
molesto	hier: unbehaglich; lästig
montera *f*	Kappe (der Toreros)
morir *v irr*	sterben
mortal *adj*	hier: tödlich; sterblich
mostrador *m*	(Laden-)Theke, Tresen
móvil *m*	Mobiltelefon
muerto	tot, verstorben
muleta *f*	hier: leichtes Stierkampftuch; Krücke
musulmán *m*, **musulmana** *f*	Muslim(in)
nazareno/a *m, f*	Büßer(in) (bei Prozessionen)
nervioso	nervös
nobleza *f*	Adel; Adelsstand
no haber *v irr* **señales**	spurlos verschwunden sein
noquear *v*	K.O. schlagen
no tener *v irr* **pérdida** *fam*	etwas nicht verfehlen können
nublarse *v* **los ojos**	die Augen vernebeln
nuca *f*	Nacken
obedecer *v irr*	gehorchen
obligar *v*	zwingen
observar *v*	beobachten
obtener *v irr*	bekommen, erlangen
ocuparse *v*	sich kümmern; sich beschäftigen
odio *m*	Hass
ofertas *f, pl* **publicitarias**	Werbeangebote
ofrecer *v irr* **el brazo**	den Arm reichen
oler *v irr*	riechen
oponente *m, f*	Gegner(in)
oportunidad *f*	Gelegenheit
ordenar *v*	befehlen; sortieren, aufräumen
ordenado	aufgeräumt; ordentlich; sortiert

155

ordenador *m*	Computer, PC
orden *f* **judicial**	richterlicher Beschluss
padecer *v irr*	leiden
pantalla *f*	hier: Bildschirm; Leinwand
pañuelo *m* **de lágrimas** *fig*	Seelenbeistand
parasol *m*	Sonnenschirm
parecer *v irr*	scheinen; erscheinen; ähneln
parecer *v irr* **(bien/mal) a alguien**	(etw. gut/schlecht) finden
parecido	ähnlich
parecido *m*	Ähnlichkeit
pasado *m*	Vergangenheit
pase *m*	Figur beim Stierkampf
pasión *f*	Leidenschaft
pasota *m, f, fam*	Jugendlicher, dem alles egal ist
pelea *f*	Kampf, Streit
península *f* **ibérica**	iberische Halbinsel
periodista *m, f*	Journalist(in)
pesadilla *f*	Alptraum
pescadería *f*	Fischgeschäft
pimiento *m* **picante**	Peperoni
pinchar *v*	hier: (an)klicken; stechen
pintada *f*	Wandbemalung, Graffiti
piña *f*	Ananas
piropo *m*	Schmeichelei
pista *f*	Spur
placa *f*	hier: Ausweis; Plakette, Schild
plaza *f* **de toros**	Stierkampfarena
por cuenta *f* **propia**	auf eigene Rechnung/Faust
preferido	Lieblings-
preocupación *f*	Sorge, Besorgnis; Kummer
preocupado	besorgt, sorgenvoll
preocuparse *v*	sich Sorgen machen; sich kümmern
preparado	vorbereitet; bereit
preparar *v*	vorbereiten
preso/a *m, f* **(político/a)**	(politischer) Häftling
prismáticos *m, pl*	Fernglas
prisionero/a *m, f*	Häftling, Inhaftierte(r)

procesión *f*	Prozession
prohibición *f*	Verbot
prohibido	verboten
prohibir *v irr*	verbieten
promesa *f*	hier: Gelübde; Versprechen
prometer *v*	versprechen, geloben
prudente	vorsichtig
prueba *f*	Beweis
publicidad *f*	Werbung
público *m*	Publikum; Öffentlichkeit
puntual	pünktlich
puñetazo *m*	Faustschlag
raro	komisch, seltsam
rato *m*	Weile
receta *f*	Rezept
reciente	neuerlich, jüngst
recoger *v*	(vom Boden) aufheben; auflesen, abholen
recuperar *v*	wiederherstellen
remover *v irr*	hier: (auf)rühren; entfernen
reparar *v* **en**	hier: achten auf; merken
rescate *m*	Lösegeld
resistencia *f*	Widerstand
resistir *v*	Widerstand leisten
resolver *v irr* **(un caso)**	(einen Fall) lösen
resuelto	gelöst
retirarse *v*	sich zurückziehen
reunido	versammelt, vereinigt
reunir *v irr*	versammeln; sammeln
revisar *v*	überprüfen
revista *f* **del corazón**	Klatschzeitung
rodar *v irr*	hier: rollen; drehen
rodear *v*	umgeben; um etw. herum gehen
romano/a *m, f*	Römer(in)
romper *v*	zerbrechen, kaputtmachen; beginnen; mit jmd. Schluss machen *fam*
rozar *v*	berühren, streifen

157

ruedo *m*	Arena
salir *v irr* **caro**	teuer werden
salmantino/a *m, f*	Person aus Salamanca
santiguarse *v*	sich bekreuzigen
secuestrador/a *m, f*	Entführer(in)
sede *f*	Sitz
Semana Santa *f*	Karwoche, Ostern
sencillo	einfach
sentido *m*	Sinn
sentimental *m, f*	Gefühlsmensch, Romantiker(in)
ser *v irr* **un sol** *fig*	ein Schatz sein *fig*
servir *v irr*	nützen; dienen
servir *v irr* **de nada**	überhaupt nicht(s) helfen
seto *m*	Zaun
severidad *m*	Strenge
siglas *f, pl*	Abkürzung
silenciador *m*	Schalldämpfer
¡socorro!	Hilfe!
sorprender *v*	überraschen
sorprendido	überrascht
sospechoso	verdächtig
sospechoso/a *m, f*	Verdächtige(r)
sostener *v irr*	(fest)halten
sótano *m*	Keller, Untergeschoss
suceder *v*	sich ereignen, geschehen
sugerir *v irr*	vorschlagen
superior *m, f*	Vorgesetzte(r)
suponer *v irr*	vermuten, annehmen
tamaño *m*	Größe, Format
telediario *m*	Fernsehnachrichten
temer *v*	befürchten
temporada *f* **(taurina)**	(Stierkampf-)Saison
tendido *m* **de sol/de sombra**	Sitzplatz in praller Sonne/im Schatten
tener *v irr* **como norma**	als Regel haben
tener *v irr* **en cuenta**	berücksichtigen
tenso	(an)gespannt
tesis *f*	hier: Abschlussarbeit; Dissertation; These

tímido	schüchtern
tío *m, fam*	Typ, Kerl *fam*
tomar *v* **apuntes**	Notizen machen
tonto	dumm
torturar *v*	foltern
traje *m*	Anzug
traje *m* **de luces**	bestickte Stierkämpfertracht
tranquilizante *m*	Beruhigungsmittel
tranquilizar *v*	beruhigen
triste	traurig
tropezar *v irr*	stolpern
truco *m*	Trick
urbanización *f*	Siedlung
unicornio *m*	Einhorn
válido	gültig
valiente	mutig
valor *m*	Mut; Wert
venganza *f*	Rache
vengarse *v*	sich rächen
venta *f*	Verkauf
verdugo *m*	Henker
vergüenza *f*	Scham
verja *f*	Zaun
víctima *m, f*	Opfer
zumo *m* **de naranja natural**	frisch gepresster Orangensaft

159

Compact Lernkrimis – Spannend Sprachen lernen

In der erfolgreichen Reihe sind erhältlich

- Compact Lernkrimis
- Compact Schüler-Lernkrimis
- Compact Lernkrimis History
- Compact Lernkrimis Kurzkrimis
- Compact Lernthriller
- Compact Lernstories Mystery
- Compact Lernkrimi Sprachkurse
- Compact Lernkrimi Hörbücher
- Compact Lernkrimi Audio-Learning

Sprachen
- Englisch, American English, Business English
- Französisch
- Spanisch
- Italienisch
- Deutsch als Fremdsprache

Lernziele
- Grundwortschatz
- Aufbauwortschatz
- Grammatik
- Konversation

Weitere Informationen unter
www.lernkrimi.de

compact